La nueva evangelización

Colección «PRESENCIA TEOLOGICA»
61

Leonardo Boff

LA NUEVA EVANGELIZACION

Perspectiva de los oprimidos

Editorial SAL TERRAE
Santander

Título del original brasileño:
Nova evangelização.
Perspectiva dos oprimidos
© 1990 by Editora Vozes
            Fortaleza (CE)
            Brasil

Traducción: *Jesús García-Abril*
© 1991 by Editorial Sal Terrae
            Guevara, 20
            39001 Santander
Con las debidas licencias
Impreso en España. Printed in Spain

ISBN: 84-293-0908-X
Dep. Legal: BI-1344-91

Fotocomposición: Didot, S.A.
                 Bilbao
Impresión y encuadernación:
                 Grafo, S.A.
                 Bilbao

Dedicatoria

«¡Entristezcámonos, ay, porque han llegado!»

«Nos han cristianizado, pero nos hacen pasar de un señor a otro como si fuéramos animales».

«Sólo por causa de los tiempos locos, de los locos sacerdotes, se ha introducido entre nosotros la tristeza, se ha introducido entre nosotros el *cristianismo*. Porque muchos cristianos llegaron aquí con el verdadero Dios, pero ése fue el comienzo de nuestra miseria, del tributo y del desastre, la causa de donde brotó la discordia oculta, el principio de las luchas con armas de fuego, el principio de los atropellos, el principio del despojo absoluto, el principio de la esclavitud por culpa de las deudas, el principio de las deudas que nos oprimen, el principio de las discordias continuas, el principio del padecimiento. Fue el principio de la obra de los españoles y los sacerdotes, el principio de los caciques, los maestros de escuela y los fiscales...»

«Ellos nos enseñaron el miedo, por ellos se marchitaron las flores. Para que su flor viviese, dañaron y devoraron la nuestra...»

El evangelio visto como anti-evangelio por los mayas, tal como aparece en el libro de Chilam Balam (cfr. Miguel LEÓN-PORTILLA, *A conquista da América Latina vista pelos índios*, Ed. Vozes, Petrópolis 1985, pp. 61-66)

«El mejor servicio al hermano es la evangelización, que lo libera de las injusticias, lo promueve integralmente y lo dispone a realizarse como hijo de Dios»

El evangelio como buena noticia: *Documento de Puebla*, n. 1145.

INDICE

Prefacio:
Una deuda en América Latina:
la nueva evangelización

América Latina está marcada hoy por múltiples deudas[1]:

La deuda *económica*, que asciende a decenas de miles de millones de dólares que han de ser pagados cada año a las grandes entidades financieras, con un precio extremadamente oneroso para el pueblo en términos de pobreza social; esta deuda, que debe ser revisada, o no ha de ser pagada en su totalidad o ha de ser renegociada y redimensionada.

La deuda *política:* tenemos unas formas sociales y políticas que significan una violencia institucionalizada, porque marginan a los campesinos, privilegian el capital y gravan el trabajo, aparte de que suponen un perenne atentado contra los derechos humanos, especialmente por lo que se refiere a los pobres, a los menores, a los negros y a los indios. Esta deuda sólo le será pagada a América Latina el día en que el imperio del capital sea controlado y se favorezca entre nosotros una democracia auténtica: una democracia de las mayorías, de cuño popular y participativo.

La deuda *cultural:* la cultura de los invasores ibéricos, o bien destruyó las culturas-testimonio de los indígenas, o bien

---

1. Cfr. el comentario y la recopilación de estudios hechos por J.R. RE-GIDOR, «500 anni d'invasione dell'America Latina»: *Emergenze*, junio de 1988.

las sometió a unas formas desestructuradoras de sincretismo de resistencia, ocasionando unos traumas que han llegado a nuestros días. Sólo mediante el respeto y el apoyo a las culturas de los indígenas, de los negros, de los mestizos y de los pobres en general, quedará pagada una parte de esta deuda.

La deuda *antropológica*: la colonización significó la dominación de los cuerpos y la conquista de las almas mediante el no reconocimiento del otro como otro, el cual fue violentamente europeizado, dado que tanto la educación como la catequesis implicaban un proceso de acomodación a la cultura del dominador. Esta deuda sólo quedará pagada mediante el reconocimiento de la existencia del otro, de sus valores y de su dignidad, igual a la de cualquier otra cultura.

La deuda *ético-religiosa*: como conjunto de países pobres, América Latina ha quedado marginada del proceso global de desarrollo, conservando sus desfasadas tecnologías, sus formas sociales autoritarias, sus culturas reducidas al silencio, sus religiones no reconocidas, y controlada siempre por cuerpos militares que garanticen el orden dentro del desorden institucional. Esta deuda ético-religiosa sólo quedará pagada el día en que los pueblos latinoamericanos puedan ser sujetos de su propio destino y establezcan aquellas relaciones sociales y aquellos valores que expresen sus raíces culturales propias.

Hay, finalmente, una deuda de *evangelización*: la evangelización que tuvo lugar en nuestro continente significó la transposición de las instituciones, los símbolos, los conceptos y los usos morales de la cultura cristiana europea; en modo alguno predominó el encuentro entre fe y realidad indígena, entre evangelio y culturas autóctonas, que permitiera el surgimiento de una expresión cristiana típicamente nuestra; tan sólo el catolicismo popular, fruto de la creatividad del pueblo, al margen del catolicismo oficial, ha significado la creación de una fe original en el marco de una dominación que afectaba a todas las instancias de la sociedad. Esta deuda sólo quedará pagada el día en que se den las condiciones que permitan intentar una evangelización liberadora, a partir de las matrices culturales del propio pueblo, que es pobre y profundamente religioso. Éste parece ser el sentido de esa «nueva evangelización» de la que tanto se habla.

Esta expresión fue empleada por primera vez por Juan Pablo II, el 9 de marzo de 1983, en Puerto Príncipe (Haití), con ocasión de la XIX Asamblea General del CELAM. Dijo el Papa lo siguiente: «La conmemoración del medio milenio de evangelización sólo tendrá pleno significado si constituye un compromiso... no de reevangelización, sino de una nueva evangelización; nueva en su ardor, en sus métodos y en su expresión»[2]. Como se deduce del texto, no se trata de prolongar la evangelización de siempre en América Latina introduciendo una serie de reformas y procesos de renovación que, por lo general, se inscriben en el esquema tradicional, pero sin cambiarlo estructuralmente. Se trata, en efecto, de un nuevo intento. No se emite ningún juicio crítico acerca de la evangelización realizada a partir del siglo XVI, aunque implícitamente se procura distanciarse de ella, como dando a entender que aquella evangelización fue y sigue siendo insuficiente e inadecuada a los desafíos que hoy se perciben en el continente. Por eso se habla de *nueva evangelización*.

Según el Papa, esta nueva evangelización debe tener nuevo *ardor*. Pero el ardor no brota por sí mismo. Es la identificación de una gran causa lo que suscita el ardor, es decir, el entusiasmo y el valor de hacer frente con alegría a todo tipo de dificultad. Ahora bien, la conciencia eclesial a partir de los años sesenta —como puede constatarse en los documentos de Medellín (1968) y de Puebla (1979), textos verdaderamente axiológicos para la pastoral de las iglesias latinoamericanas— ha identificado la gran causa de nuestro continente preguntándose: ¿cómo presentar la Buena Nueva de Jesús en medio de unas realidades sociales inicuas? La Buena Nueva sólo será nueva si se producen transformaciones en ese tipo de realidades sociales, haciendo que dejen de ser inicuas y comiencen a ser humanas; que dejen de ser injustas y empiecen a manifestarse unas relaciones sociales productoras de justicia y de participación. ¿Cómo pueden las Iglesias contribuir a que dichas transformaciones sean de verdad productoras de Buena Nueva y, consiguientemente, anunciadoras de una plenitud que sólo el evangelio puede ofre-

---

2. Cfr. Dom A. LORSCHEIDER, «Nova evangelização e vida religiosa»: *Irmão Sol*, diciembre de 1988, pp. 2-3.

cer? La consigna breve y exacta fue y sigue siendo ésta: liberar para que haya comunión y participación en la Sociedad y en la Iglesia. En las condiciones que tienen que soportar los pueblos latinoamericanos, esta causa sólo podrá hacerse realidad si hay verdadero ardor. Es ese ardor el que está haciendo de toda la comunidad eclesial sujeto de evangelización; el que está propiciando la aparición de pobres conscientes y liberadores; el que ha permitido que surjan profetas llenos de sagrada ira contra la iniquidad del orden político y social implantado en el Continente y capaces de realizar gestos que consuelan a los oprimidos. Es ese ardor el que ha infundido valor a tantos como han sacrificado sus vidas por sus hermanos y hermanas humillados y ofendidos, haciendo que casi todas nuestras iglesias latinoamericanas sean hoy iglesias de mártires.

La nueva evangelización debe ser nueva, además, en sus *métodos,* afirma el Papa. Es decir, no sólo el contenido debe ser nuevo y liberador, sino también el método. Dicho de otro modo: la manera en que presentamos la Buena Nueva pertenece a la propia naturaleza de la misma. El contacto con la persona y el mensaje de Jesús debe generar una atmósfera de verdadero aprecio y potenciación de todo cuanto sea humano, digno y deseable para el cuerpo y para el espíritu. Ahora bien, esto sólo se consigue si el método es participativo, para lo cual hay que superar la dicotomía evangelizador/evangelizado mediante un proceso de evangelización que abarque a todos; renunciar a toda imposición cultural en nombre del evangelio; favorecer la asimilación de la Buena Nueva de Jesús desde las «matrices» de las diversas culturas presentes en nuestro continente, tomando como punto de partida las culturas de los dominados, que son quienes, desde el punto de vista evangélico, han de ser siempre los primeros destinatarios y los sujetos privilegiados de la evangelización.

Finalmente, una nueva evangelización deberá ser nueva en sus *expresiones,* las cuales, a su vez, deberán ser producidas por las propias culturas y no limitarse, como ha ocurrido en los últimos quinientos años, a reproducir la cultura europea para indígenas guaraníes, aymaras o aztecas, que no entendían ni palabra de latín ni de un ceremonial litúrgico marcado por la experiencia cultural de Bizancio, de Roma y de Aix-la-Chapelle.

PREFACIO   15

Es preciso recobrar el derecho inalienable que toda persona tiene
a conocer, alabar y servir al Dios de la historia con los medios
propios de su cultura y con los símbolos de sus tradiciones; un
derecho que actualmente no puede ser aún ejercido con plena
libertad. Por eso es por lo que únicamente tenemos un catolicismo oficial de cuño romano, y no múltiples y variados catolicismos que sean expresión legítima del evangelio según las
diversas culturas. La nueva evangelización deberá producir el
fruto de un catolicismo latinoamericano y ecuménico, dotado
de un rostro que refleje los diversos perfiles culturales que entre
nosotros conviven.

Esta nueva evangelización deberá también generar vida para
las grandes mayorías, que padecen un escandaloso déficit de
medios de subsistencia. Evangelizar, en el contexto de América
Latina, supone, ante todo, salvar la vida de los pobres; sin esta
dimensión liberadora no habrá Buena Nueva que sea digna de
tal nombre y que actualice la memoria de la praxis de Jesús y
de los apóstoles.

No debemos permitir que pueda aplicársenos a nosotros hoy
la crítica que los indígenas del siglo XVI hacían de los cristianos,
a quienes acusaban de anunciarles a «un dios cruel, injusto y
sin piedad». La evangelización realizada bajo el signo colonial
no logró impedir el genocidio, consecuencia de las guerras, de
los malos tratos, de la superexplotación de la fuerza de trabajo,
de las enfermedades traídas por los europeos, para las que no
estaban inmunizados los indígenas... De 1500 a 1600, la población autóctona fue reducida en una proporción de 25 a 1; en
1519, cuando Hernán Cortés penetró en la meseta de Anahuac
(México), había allí cerca de 25.200.000 habitantes; en 1595
no quedaban más que 1.375.000[3].

A causa de este genocidio, la nueva evangelización deberá
dejar perfectamente clara la conexión existente entre Dios, pobres y liberación, que se opone a la que ha predominado durante
siglos entre Dios, poderosos y dominación.

---

3. Cfr. *El etnocidio a través de las Américas*, textos y documentos reu-
nidos por R. JAULIN, México 1976, esp. pp. 55ss; P. CHAUNU, *Conquista
e exploração dos novos mundos*, São Paulo 1984, p. 404; G. GUTIERREZ,
Dios o el oro en las Indias. Siglo XVI, CEP Lima 1989, pp. 42-47.

Uno de los modernos analistas del significado de la invasión ibérica de América Latina escribe: «Si la palabra "genocidio" puede aplicarse con exactitud a un caso, es a éste, que constituye, a mi parecer, un verdadero "record", no sólo en términos relativos (fue una destrucción del orden del 90%, o aún más), sino también en términos absolutos, ya que estamos hablando de una reducción de la población que se estima en 70 millones de seres humanos (había por entonces unos 80 millones de habitantes en América Latina, y unos 400 millones en el resto del mundo). Ninguna de las grandes "massacres" del siglo XX es comparable a esta hecatombe. Por eso se comprende cuán vanos son los esfuerzos realizados por algunos autores para disipar la llamada "leyenda negra", que atribuye a España la responsabilidad de tal genocidio y pone en entredicho su reputación. Negra fue la realidad, no la leyenda»[4].

Si antaño el cristianismo fue cómplice de aquella máquina mortífera, hoy debe aliarse al empeño de gestar vida para las víctimas de una forma de desarrollo que excluye a las grandes mayorías. Lo que hoy se está padeciendo es consecuencia de lo ocurrido hace quinientos años; la invasión colonizadora prosigue hoy en forma de dominación tecnológica, de capitales que acuden a explotar la mano de obra barata y la abundancia de materias primas, de políticas que favorecen a los poderosos del imperio y a sus aliados, mientras someten y sojuzgan al pueblo[5].

La nueva evangelización, que ya empezó a intentarse en los años sesenta a partir de las culturas dominadas, no ha echado aún raíces demasiado profundas ni ha llegado todavía a convencer a las víctimas a las que trata de privilegiar. Sin embargo, sí es sintomático el gesto de algunos indígenas andinos para con Juan Pablo II cuando éste visitó el Perú en 1985. En el transcurso de una ceremonia multitudinaria, Máximo Flores, del Movimiento Indio de Kollasuyo (aymaras), Emmo Valeriano, del Partido Indio (aymara), y Ramiro Reynaga, del Movimiento Indio Tupac Katari (kheswa), entregaron al Pontífice una carta

---

4. T. TODOROV, *A conquista da América: a questão do outro*, São Paulo 1988, p. 129.
5. Cfr. G. GIRARDI, *La conquista de América, ¿con qué derecho?*, DEI, Costa Rica 1988, pp. 17-34.

en la que decían: «Nosotros, los indios de los Andes y de América, hemos decidido aprovechar la visita de Juan Pablo II para devolverle su Biblia, porque, en cinco siglos, ésta no nos ha hado amor ni paz ni justicia. Por favor, tome de nuevo su Biblia y devuélvasela a nuestros opresores, pues ellos tienen más necesidad que nosotros de sus preceptos morales. Porque, desde la llegada de Cristóbal Colón, se impuso a América por la fuerza una cultura, una lengua, una religión y unos valores propios de Europa». Y al explicar en público el contenido de la carta, Ramiro Reynaga dijo que «la Biblia llegó a nosotros como parte del proyecto colonial que se nos impuso. Ella fue el arma ideologica de aquel asalto colonialista. La espada española, que de día atacaba y asesinaba el cuerpo del indio, de noche se convertía en cruz que atacaba al alma india»[6].

¿Cómo negar las amargas quejas y las justas lamentaciones de estos indígenas? Son las propias víctimas las que acusan, no cualquier intelectual rencoroso ni cualquier clérigo frustrado. Y ellas merecen ser oídas y respetadas. Es el suyo un llamamiento para que nuestra evangelización les dé razones para vivir y luchar en favor de la vida. Tenemos para con los indígenas, los negros y los marginados una deuda de justicia que, desgraciadamente, no ha sido pagada hasta el día de hoy. Las iglesias deben pagarla. He ahí la razón de estas páginas.

---

6. Cfr. los textos recogidos por R.D. GARCIA, «Evangelización y liberación en la historia latinoamericana», en (VV.AA.) *Evangelización y liberación*, Buenos Aires 1986, pp. 56-57.

I PARTE
Evangelizar a partir de las culturas oprimidas

El tema de la «evangelización de las culturas» o, más exactamente, de «evangelización y culturas» sirve en ciertos ambientes como pretexto para eludir la realidad que en los últimos años ha presidido el debate teológico-pastoral en torno a los pobres, los oprimidos y los marginados. Un debate que culminó en la «opción preferencial» por los pobres y en contra de su pobreza, que constituye hoy, sin lugar a dudas, la «marca registrada» de las iglesias latinoamericanas.

La realidad de los pobres es sumamente conflictiva, porque los pobres son empobrecidos por causa de unos mecanismos económicos, unas relaciones sociales y unas discriminaciones que lesionan gravemente la justicia. Igualmente conflictiva resulta la comprensión de la sociedad, de las iglesias y de la teología a partir de los pobres, porque permite percibir, por una parte, la complicidad de todas esas instancias en su opresión y, por otra, la solidaridad con sus luchas en favor de la vida y de la libertad.

La constante presencia de los pobres y, más aún, el agravamiento de su miseria revelan un indudable fracaso de la evangelización tradicional. No faltan razones para hablar de «nueva evangelización»; pero ha de ser una evangelización comprometida con el destino de los pobres, capaz no sólo de anunciar la Buena Nueva de su liberación, sino también de ayudar a hacerla realidad. Conviene, finalmente, comprender que los oprimidos de hoy son el último fruto de aquel proceso de conquista, avasallamiento y dominación que se inició en el siglo XVI y que aún no ha concluido. Si en 1992, al evocar los 500 años de aquel acontecimiento, no conserváramos una viva conciencia de esta contradicción, correremos el peligro de infligir una herida más a quienes —según las desabridas, pero muy reales, palabras del historiador Capistrano de Abreu— fueron los «castrados y re-castrados, desangrados y vueltos a desangrar» de nuestra historia.

Pretendemos en estas páginas partir de un hecho brutal e inequívoco: los pobres están sufriendo más que nunca; en casi todos los países latinoamericanos están muriendo a un ritmo más acelerado que en los tiempos de Medellín (1968) o de Puebla (1979), sin ir más lejos. Ésta es la anti-realidad que nos interpela y que no debe ser ignorada, o espiritualizada, o insertada en otra realidad, de forma que pierda ese su carácter escandaloso que pide a gritos ser superado. Si queremos abordar la realidad de las culturas[1], entonces debemos tener muy claro, desde el principio, que a lo que deben ayudarnos todas las posibles explicaciones es a liberar a estos oprimidos, no a apartarnos de ellos ni a distraernos con otros enfoques que, por muy interesantes que sean, tengan como resultado último el debilitamiento de las iglesias en el compromiso por la justicia y la liberación real. No conviene que hablemos de las rosas si ello nos hace olvidar la opresión que padece el jardinero.

Pasemos, pues, directamente, al tema de la evangelización a partir de las culturas oprimidas y marginadas[2].

---

1. Cfr., a este respecto, J. COMBLIN, «Evangelización de la cultura en América Latina»: *Puebla* 2 (1978), pp. 91-109; P. TRIGO, «Evangelización de la cultura»: *Puebla* 5 (1979), pp. 298-303; P. SUESS, «Inculturação: desafios-caminhos-metas»: *Revista Eclesiástica Brasileira* (=*REB*) 49 (1989), pp. 81-126; Id., «Cultura e religião»: *REB* 49 (1989), pp. 778-798.
2. Véanse los títulos más significativos en esta línea: CNBB/CIMI, *Inculturação e libertação*, Ed. Paulinas, São Paulo 1986; CRB, *Nova evangelização e vida religiosa no Brasil*, Rio de Janeiro 1989; M. AZEVEDO, *Comunidades eclesiais de base e inculturação da fé*, Ed. Loyola, São Paulo 1986; Id., *Inculturação e libertação*, Ed. Loyola, São Paulo 1986; Id., «Evangelización inculturada»: *Misiones Extranjeras* 87 (1985), pp. 197-221; J.M. de PAIVA, *Colonização e catequese*, Cortez Editora, São Paulo 1982; ILADES, *Cultura y evangelización en América Latina*, Ed. Paulinas, Santiago de Chile 1988; VV.AA., *Evangelización y liberación*, Ed. Paulinas, Buenos Aires 1986; VV.AA., *Evangelización de la cultura e inculturación del evangelio*, Ed. Guadalupe, Buenos Aires 1989; F. DAMEN, *Hacia una teología de la inculturación* (Conferencia Boliviana de Religiosos), La Paz 1989; todo el número 196 de *REB* (1989), dedicado a *Evangelização e Cultura*.

1

Culturas, aculturación, enculturación, inculturación y civilización: delimitaciones semánticas

Que yo sepa, se han elaborado más de trescientas definiciones de «cultura»[3]. Tenemos, por ejemplo, la famosa definición del antropólogo norteamericano Edward Tylor, que en 1871 decía: «Cultura, tomada en su amplio sentido etnográfico, es esa compleja totalidad que incluye los conocimientos, las creencias, el arte, la moral, las leyes, las costumbres y cualesquiera otras capacidades o hábitos adquiridos por el hombre como miembro de una sociedad». Esta definición es correcta en lo

---

3. Cfr. a este respecto: R. de Barros LARAIA, *Cultura: um conceito antropológico*, Zahar, Rio de Janeiro 1986; D. KAPLAN y R.A. MANNERS, *Teoria da cultura*, Zahar, Rio de Janeiro 1978; C. GEERTZ, *Interpretación de las culturas*, Gedisa, Barcelona 1988; B. MALINOVSKI, *Una teoría científica de la cultura*, Edhasa, Barcelona 1981 (2.ª ed.); C.L. STRAUSS, *Raça e história*, Ed. Presença, Lisboa 1980 (UNESCO 1952); P. MENEZES, «As origens da cultura»: *Síntese* 15 (1988), pp. 13-24; D. RIBEIRO, *O processo civilizatório*, Ed. Vozes, Petrópolis 1983; C.R. BRANDÃO, «Impor, persuadir, convidar, dialogar», en (CNBB/CIMI), *Inculturação e libertação*, op. cit., pp. 9-26; Id., *A arca de Noé:* apuntes sobre sentidos y diferencias respecto de la idea de cultura y nuevos desafíos a la evangelización de América Latina, de próxima publicación en Ed. Vozes, Petrópolis. También es muy iluminador el trabajo ya citado de P. SUESS, «Inculturação: desafios-caminhos-metas».

que dice, pero reductora por lo que no dice. La cultura no engloba únicamente el mundo de los símbolos y de las significaciones. Dicho mundo está enraizado en el mundo material y en el mundo imaginario del ser humano y de las colectividades. La cultura, por tanto, debe entenderse de un modo mucho más integral[4]. La definición de Tylor, sin embargo, ha gozado de general aceptación. Cuando se dice, por ejemplo, que el Papa se ha reunido con «el mundo de la cultura», se quiere decir que se ha encontrado con intelectuales y artistas, o sea, con personas que manejan ideas, crean símbolos y producen conocimientos. Pero éste es un sentido muy limitado.

Los antropólogos han elaborado una concepción de la cultura mucho más abarcante para explicar el polifacético fenómeno de las culturas humanas. No existe la cultura, en singular; existen culturas concretas, en plural. «Cultura», en singular, es un concepto que tiene un carácter estrictamente teórico y que pretende hacernos entender un fenómeno como contradistinto de otro; por ejemplo: naturaleza vs. cultura. Se habla entonces de «cultura en grado cero».

En este sentido generalizador, entendemos por «cultura en grado cero» todo cuanto hace el ser humano —bien sea como individuo (hombre o mujer), bien sea como colectividad—, incluido aquello que se hace con él y aquello que él, al hacer o al dejarse hacer, pretende significar para sí y comunicar a los demás.

De donde se deduce que la vida humana, en cuanto humana, es siempre cultural: se sumerge en la naturaleza que se manifiesta dentro y fuera de ella, trabaja dicha naturaleza y la transforma precisamente en cultura. Así, por ejemplo, la agricultura es el trabajo que el ser humano hace en el campo, es decir, el trabajo que el ser humano realiza sobre la naturaleza amorfa, separando una parte de ella, elaborándola y transformándola con ese su trabajo en el campo; de ahí la palabra «agricultura», que significa la «cultura del campo» (*ager, agri* = campo, en latín). La vida humana tiene un sinfín de dimensiones, y en todas ellas se da

---

4. La descripción que la *Gaudium et Spes* del Vaticano II hace en su número 53 revela este carácter globalizador de la cultura.

la cultura, porque en todas ellas se da una actividad del hombre (bien sea a partir de lo que no es cultural, sino natural; bien sea reelaborando y trans-significando lo ya culturizado):

— *en lo cósmico,* en la medida en que el ser humano (individual o colectivo) se inserta en el proceso de la creación y, mediante su intervención, crea su propio «habitat»;

— *en lo personal,* que corresponde a la irreductibilidad de la existencia singular, particularmente en el ejercicio de su libertad;

— *en lo económico,* que garantiza la producción y reproducción de la vida material;

— *en lo político,* que atiende a las distintas formas de convivencia humana;

— *en lo simbólico,* que concierne a las significaciones y valores que atribuimos a la praxis humana y a todo cuanto guarda relación con el mundo humano;

— *en lo religioso,* a través de lo cual se proyecta un sentido último que va más allá de todos los sentidos singulares y que engloba todo lo real.

Cada grupo humano elabora a su modo todas estas instancias. Todos trabajan, todos cocinan, todos comen, todos se organizan socialmente, todos crean símbolos, códigos y significaciones; pero cada colectividad lo hace a su propio modo y conveniencia. De ahí brota la pluralidad cultural. ¿Por qué existe la pluralidad cultural? ¿No podrían los seres humanos haber sido «programados» como los castores o las abejas, que desde hace miles de siglos construyen su «habitat» siempre del mismo modo? Sucede que estos animales «colectivos» y «artesanales» actúan de un modo genéticamente determinado, y por eso hacen siempre sus «constructos» de la misma manera; pero no tienen la *praxis* nacida de la reflexión y la voluntad humanas. El ser humano —a diferencia de los animales, aun del más superior de ellos— se caracteriza por la praxis, que supone la capacidad de reflexionar, proyectar, significar y transformar. En virtud de esta praxis, la naturaleza se transforma en cultura; es decir, se rompe la lógica de la espontaneidad y de la trama de significaciones y valores. La cultura no es tan sólo un proceso de adaptación de la naturaleza al deseo del ser humano, sino que es también un lenguaje que comunica significaciones y valores. Cuando hablamos del automóvil, no estamos únicamente hablando de un medio de transporte, sino que, además, estamos comunicando un significado social, revelando el «status» de su propietario, sus preferencias estéticas, etc.

La actividad del ser humano no incide tan sólo en la naturaleza, sino también en sí mismo. Gracias a ello, el hombre, de animal «colectivo» (como los lobos o los primates), se transforma en un ser social: sale del orden de las necesidades biológicas, que se rigen por la determinación (las hormigas poseen su propia y rígida división del trabajo; los chimpancés tienen sus propias jerarquías internas y sus propias formas estereotipadas de ayuda mutua, de consenso y de rechazo), y accede al orden de la libertad, del libre albedrío, de la capacidad de escoger entre diversas alternativas posibles y asimilar subjetivamente el imperativo de los impulsos naturales, imponiéndoles un orden y una normativa. En este campo social se establecen —libremente y dentro del consenso— determinadas clasificaciones, códigos de conducta, ordenamientos y principios de relación. Los humanos dejan de ser meros seres naturales y, en virtud de la cultura, pasan a ser *sujetos* de derechos y de obligaciones, causa de prácticas transformadoras o conservadoras de la naturaleza y principio de símbolos, significaciones y valores.

De todo lo dicho se desprende claramente que la cultura es algo que afecta al ser humano en todas sus dimensiones; no podemos, por tanto, limitar la cultura al llamado «mundo cultural» (la enseñanza, las artes, el «folklore», las religiones, el mundo de las ideas y los valores...). Todo está atravesado por la cultura, incluso el trabajo material, la economía, la política, la producción de símbolos... Por eso podemos hablar, con toda razón, de *cultura material* (el conjunto de herramientas y la tecnología con que garantizamos nuestra supervivencia), de *cultura social* (las relaciones de poder, las normas de comportamiento, la división social del trabajo...) y de *cultura simbólica* (las significaciones que damos a las cosas, las filosofías y doctrinas, las fiestas populares y nacionales...).

Todo cuanto es humano constituye una fuente generadora de cultura. Sin embargo, a la hora de establecer el «ranking» de tales fuerzas, subrayamos cuatro que son especialmente poderosas y forjadoras de diferencias: el trabajo, el poder, la fantasía y la religión. Ni que decir tiene que estas fuerzas se hallan siempre en inter-relación mutua, que rige entre ellas una verdadera dialéctica inclusiva (*perijorésis*, en lenguaje teológico): donde está una de ellas, están también siempre las otras.

El *trabajo*, ya sea subjetivo, ya objetivo (cfr. *Laborem exercens*, de Juan Pablo II, n. 6), es uno de los factores creadores de cultura más fundamentales. En palabras del Vaticano II, el trabajo «procede inmediatamente de la persona, la cual como que marca con su sello las cosas de la naturaleza» (*Lumen Gentium*, n. 67). El trabajo es siempre social, se realiza dentro de cierta división social y es interpretado con las más distintas significaciones (para el hombre moderno es un medio de domesticación de la naturaleza; para el indígena es una forma de ayudar a la madre tierra, la «Pachamama»). Y la manera en que se organice el trabajo —ya sea en régimen de colaboración o de explotación; ya sea que el trabajo tenga primacía sobre el capital,o viceversa— caracterizará la convivencia social en un tiempo y un espacio determinados.

El *poder* es otra fuerza promotora de cultura. A nivel político, se dan relaciones sociales de poder que pueden presentarse como autoritarias, como carismáticas, como democráticas...; relaciones que pueden ser de apropiación, de expropiación, de control, de consolidación o debilitamiento de intereses, de imposición de principios reguladores de conducta por parte de unos grupos sobre otros... Es en el acceso al poder o en la exclusión del mismo donde surgen las culturas dominantes o dominadas, las culturas del silencio o las culturas populares. El no percibir los conflictos de poder -especialmente en nuestra historia, marcada por la desigualdad— significa ignorar un dato fundamental, decisivo para cualquier proceso de liberación y de evangelización liberadora.

Otra poderosa fuerza creadora de cultura es la *fantasía*, mediante la cual el ser humano le añade algo al espesor, a veces brutal, de la realidad. Un «algo» con el que crea interpretaciones, descubre nuevas conexiones y elabora los más diversos sentidos de la vida. La fantasía es la fuente de la creatividad, incluida la creatividad científica. Pero, sobre todo, es la fantasía social la que resulta sumamente importante, porque a partir de ella las colectividades elaboran sus sueños, sus utopías y sus proyectos de convivencia. Es la fantasía la que confiere colorido a las experiencias humanas, viendo, sintiendo y deseando siempre más allá de ellas, y manifestándose en la fiesta, en el juego y en el rito.

Finalmente, llegamos a la *religión,* por la que las sociedades definen para sí los significados más trascendentes de sus prácticas y el destino de las personas y de la historia. Las religiones trabajan con símbolos poderosos, con arquetipos que poseen una profundidad y una perdurabilidad histórica enormes. Es a través de la religión como se sanan las rupturas disgregadoras y se tienden los puentes que unen unos tiempos con otros. Es en la religión, más que en la filosofía, donde la búsqueda humana de un sentido último y una reconciliación definitiva entre la creación y el corazón humano alcanza su tematización, su simbología, su rito y su celebración. Por eso es por lo que toda cultura elabora también su propia religión[5], que se articula con las demás instancias: con el poder, por ejemplo (y surgen las expresiones religiosas de los grupos dominantes, de los grupos subalternos, etc.), con los regímenes de trabajo (y así aparece, dentro de la propia religión, la división social del trabajo religioso —la división entre clérigos y laicos—), etc.

Por muy compleja que sea la temática de las culturas, no debemos olvidar nuestra pregunta fundamental: ¿en qué medida contribuye la cultura a la liberación y en qué medida sirve para consolidar la opresión, dificulta el libre ejercicio de la conciencia rebelde y genera o impide la vida y la libertad?

La fórmula «culturas dominantes y culturas dominadas» no expresa toda la compleja problemática del fenómeno cultural humano. Sin embargo, en nuestro contexto latinoamericano (y de las grandes mayorías de la humanidad), dicha fórmula es de enorme importancia, porque inhibe o anula las demás expresio-

---

5. El marxismo-leninismo se presenta como ateo y organiza el Estado de un modo laico, sin ninguna referencia explícita a la religión. Sin embargo, sí ha articulado una simbólica social en torno a la revolución y sus próceres (la figura de Lenin, su mausoleo en el Kremlin...) que posee las características religiosas de respeto, de realidad última y de veneración, actitudes que, culturalmente, habían estado reservadas al valor supremo: Dios.

nes culturales. «Dominante» y «dominado» no son simples categorías de la exterioridad, sino también de la interioridad. La dominación sólo es posible porque el dominador consigue penetrar dentro del dominado y obligarle a aceptar su situación; el dominado alberga dentro de sí, como parte de su realidad, al dominador. Este fenómeno permite entender hasta qué punto la división recorre de arriba abajo a las personas, las instituciones, la expresión artística, la religión... La dominación impide que los grupos dominados puedan producir una cultura autónoma capaz de expresar su propia identidad. ¿En qué condiciones se realiza el trabajo? ¿Qué tipo de religión pueden elaborar los dominados? Tan sólo les queda la fantasía como su gran campo de libertad; no es casual, por tanto, que las grandes utopías liberadoras y los sueños más radicales de transformación hayan sido proyectados por los grupos dominados.

Ésta es la situación de las grandes mayorías de nuestro continente y de toda la humanidad. Y en este contexto, ¿qué significa evangelizar las culturas? O el evangelio fomenta la gestación de un dinamismo cultural libre y favorecedor de vida y de libertad a partir de los oprimidos y marginados o, de lo contrario, será —por falta de análisis, por ingenuidad o por secretos intereses— cómplice del mantenimiento de un *status quo* injusto. Esta perspectiva es la que deseamos mantener latente a lo largo de nuestra reflexión. Se trata de un imperativo humanista, ético, religioso y evangélico. Y a partir de esta opción trataremos de asumir la comprensión del complejísimo problema de las culturas. No queremos que la complejidad antropológica del fenómeno cultural, tan presente en la producción científica de los antropólogos, nos haga olvidar esta nuestra preocupación liberadora fundamental.

Una vez establecida esta premisa inicial, queremos aún dejar más o menos claros unos cuantos conceptos que aparecen constantemente:

Enculturación (también llamada «internalización» o «socialización»): es el proceso mediante el cual los miembros de una determinada cultura asimilan sus propios valores, sus códigos, sus hábitos y su comprensión del mundo.

Inculturación: es el proceso mediante el cual la cultura asimila el evangelio a partir de sus propios moldes culturales; sólo así se da una verdadera evangelización: el encuentro entre una determinada cultura y la propuesta evangélica.

Aculturación: es el proceso que experimenta una cultura cuando entra en contacto con otras culturas, se adapta a ellas y asimila elementos de ellas a partir de sus propios moldes.

Transculturación: es una aculturación forzada (a base de violencia física o simbólica), como la que padecieron los indígenas amerindios con ocasión de la conquista y la expansión del sistema cristiano imperante en España y en Portugal.

Transcultural: es un término que empleamos en sentido positivo para designar el carácter de algunos valores humanos que trascienden las diferentes culturas y que aluden a la especificidad del ser humano en cuanto tal; son valores como, por ejemplo, la capacidad de defender la justicia, de valorar la solidaridad, de vivir el amor, etc.

Civilización: designa un conjunto de valores y prácticas (como la justicia, la defensa de la vida, la solidaridad para con el más débil, el respeto al otro, etc.) que persiguen el bien común de la especie humana y se concretan en las diferentes culturas. A partir de Pablo VI se ha hablado frecuentemente de «civilización del amor», y con Juan Pablo II se ha comenzado a hablar de «civilización de la solidaridad» como antídoto contra el egoísmo a nivel internacional y como incentivo para la preservación de lo creado y para la convivencia pacífica entre los pueblos. Hoy todas las culturas deben ser culturas civilizadas, es decir, culturas que renuncien a dominar a otras y que respeten y acepten sus valores. El evangelio se presenta como un importante factor de civilización, en la medida en que propicia la práctica del amor y de la fraternidad y la creencia en la filiación divina de todas las criaturas.

Y, una vez hechas todas estas necesarias aclaraciones, ya podemos hacer una doble pregunta: ¿existe una cultura latinoamericana? ¿Y cuál es en nuestro continente la relación entre el evangelio y las culturas?

2
Realidad y mito
de la cultura latinoamericana
y de su sustrato católico

La Amerindia (o «Abia Yala», como los indígenas kunas del Panamá denominan a América, y que significa «tierra madura») ya existía al menos 40.000 años antes de que los ibéricos la invadieran y ocuparan. Aquí habían surgido grandes culturas relacionadas con el cultivo del maíz y en forma de verdaderos imperios, de centros de poder con sus cuerpos de expertos y con millones de habitantes. Pero no queremos entrar en consideraciones sobre la Amerindia precolombina, sino atenernos a la situación actual. ¿Existe una cultura latinoamericana[6] que unifique a nuestro Continente y requiera una estrategia unificada de evangelización?

Hemos de reconocer que América Latina, desde el punto de vista cultural, es una realidad sumamente compleja y hasta con tradictoria. Usando la terminología del antropólogo Darcy Ribeiro (*Américas e a civilização*, p. 196), aquí conviven, en tensión y conflicto, los pueblos-testimonio, los pueblos nuevos, los pueblos trasplantados y los pueblos emergentes, todos ellos

---

6. Cfr. M. AZEVEDO, *Evangelización de la cultura e inculturación del evangelio*, Buenos Aires 1988; P. SUESS, «Inculturação...», *art. cit.*, pp. 95-97; N. STANDAERT, «L'historie d'un néologisme. Le terme "inculturation" dans les documents romains», en *Nouvelle Revue Théologique* 110 (1988), pp. 555-570.

marcados por un denominador común: la invasión colonizadora del siglo XVI, cuyas consecuencias han llegado hasta el día de hoy. Las grandes culturas amerindias fueron en parte exterminadas, y el resto fue avasallado hasta el punto de perder casi por completo, debido al trauma de la violencia, la memoria de su pasada grandeza.

Según algunos historiadores críticos, América Latina fue víctima de tres invasiones sucesivas, todas ellas con los mismos efectos culturales: la opresión, la distorsión y el sometimiento a otras culturas. Exagerando un poco (y aun reconociendo la existencia de un núcleo objetivo), podríamos decir que América Latina, tal como hoy la conocemos, es una invención del expansionismo cultural y capitalista europeo. América fue para los ibéricos un obstáculo en su camino hacia Oriente, en su búsqueda de nuevas áreas de comercio y de mayor poderío militar con la intención de atacar a los musulmanes por las costas. Consiguientemente —como conjunto de pueblos, como organización cultural, económica, política e ideológica—, América Latina constituye un reflejo de la cultura europea capitalista, hegemónica hoy (junto con los Estados Unidos y Japón) en la política occidental. Siempre hemos dependido de centros de dominio exteriores a nosotros. Por eso es por lo que sigue siendo muy difícil definir nuestra identidad, la cual se ve imposibilitada, alienada o profundamente dividida. Poseemos una cultura de fragmentos, de restos de lo que en otro tiempo estuvo entero y gozó de solidez. Indudablemente, somos un espejo roto. Somos una conciencia trágica e infeliz, obligados como estamos a mirarnos en el espejo de otros, violentamente mantenidos en el subdesarrollo y, de ese modo, privados de poder disponer de aquellas condiciones que nos permitirían ser señores de nuestra propia historia[7]. Incluso el famoso «sustrato radicalmente católico» de la «cultura latinoamericana» es consecuencia de la conquista de las almas, prolongación del modelo católico ibérico, y en modo alguno fruto del encuentro del evangelio con

---

7. O. IANNI, *Raças e classes sociais no Brasil*, Rio de Janeiro 1966, p. 27; C. PRADO Jr., *Formação do Brasil contemporâneo*, São Paulo 1963, pp. 16s; D. RIBEIRO, *La cultura latinoamericana*, Cuadernos de Cultura Latinoamericana, México 1978.

las diversas culturas en un clima de diálogo, de relaciones igualitarias y de mutua fecundación. Lo que predominó fue la conquista de los cuerpos, mediante la invasión colonial; la conquista de las almas, mediante la misión; y la conquista de la conciencia, mediante la imposición de la moral del catolicismo ibérico[8].

La primera invasión tuvo lugar en el siglo XVI, con la colonización por parte de españoles y portugueses, que sometieron a los indios y, consiguientemente, paralizaron cualquier proceso civilizador autónomo, no tardando demasiado en imponer la esclavitud de los negros, traídos de Africa como si fueran animales. La colonización pretendía, ante todo, el enriquecimiento de la metrópoli, y sólo secundariamente la reproducción en América Latina de la cultura metropolitana (perfectamente apreciable en la toponimia: Nueva España, Nueva Granada, Nueva Santiago, etc.).

La segunda invasión se produjo en el siglo XIX, con la independencia política de las naciones latinoamericanas frente a las potencias ibéricas y la profunda integración económica en el sistema capitalista, hegemonizado para entonces por Inglaterra y Francia. Llegan a América enormes contingentes de europeos que se habían convertido en sus respectivos países en mano de obra excedente, debido a la incapacidad del sistema capitalista industrial para absorberlos y hacerles producir. Desde la perspectiva del negro y del indio, esta invasión tampoco dejó de ser violenta, porque se vieron relegados al margen del progreso y despreciados por la ideología del «emblanquecimiento». Los descendientes de los emigrantes crearon zonas prósperas sin contar con ellos, e incluso, en muchos lugares, a base de explotar la barata mano de obra de los negros o de expoliar las tierras de los indios.

Y la tercera invasión se dio a partir de los años treinta, consolidándose a partir de los años sesenta, cuando comenzaron

---

8. F. MIRES, *La colonización de las almas*, DEI, San José de Costa Rica 1987; A. MARQUINEZ, *Ideología y praxis de la conquista*, Bogotá 1978; G. GUTIERREZ, *Dios o el oro en las Indias. Siglo XVI*, CEP, Lima 1989; véanse también los «clásicos» en este tema: R. RICARD, *La conquista espiritual de México*, México 1986; L. HANKE, *Colonisation et conscience chrétienne au XVI siècle*, Plon, Paris 1957.

a instalarse las dictaduras militares en los principales países del continente. Las burguesías nacionales se aliaron con las grandes multinacionales norteamericanas, europeas y japonesas, y las relaciones capitalistas lo invadieron todo, incluido el campo, dando lugar a desigualdades sociales y niveles de empobrecimiento como jamás se habían conocido en nuestra historia. De ser exportadores de materias primas y, más tarde, de productos industrializados en un proceso de modernización volcado hacia fuera, los países latinoamericanos —convertidos en satélites de los centros financieros de las metrópolis capitalistas— se vieron obligados a exportar monedas fuertes (dólares, marcos, yens...), dando origen a una dependencia cada vez más cruel e inhumana respecto de las multinacionales.

Para garantizar los abusivos niveles de acumulación del capital, se instauró el régimen (y la doctrina) de la seguridad nacional, que, por supuesto, fue y sigue siendo un régimen de seguridad *del capital;* régimen que se apoderó del Estado y del aparato estatal. La violencia pasó a ser el lenguaje preferentemente utilizado por el Estado para con los ciudadanos. Aun después de la lenta y gradual apertura a la democracia liberal burguesa, la tutela de las fuerzas armadas no ha desaparecido; las democracias son en realidad «democraduras», es decir, democracias liberales con ciertas áreas de dictadura de la clase dominante, secundada por los militares. Este marco socio-político abrió el camino a una cultura consumista de masas, alimentada por los modernos medios de comunicación. Las culturas tradicionales se han visto deslegitimadas, mientras que, por otra parte, han surgido brotes de una cultura popular vinculada a la lucha organizada de los trabajadores y de los movimientos populares, dentro de los cuales se encuentran también las comunidades eclesiales de base y los movimientos de pastoral social.

Frente a este complejo y contradictorio proceso, ¿puede hablarse unívocamente de «cultura latinoamericana»? Si por «cultura» entendemos, como explicábamos más arriba, las diversas maneras de organizar el trabajo, la vida social, el mundo simbólico, la religión y la ecología, entonces debemos decir que en el continente latinoamericano sigue siendo hegemónico el orden capitalista dependiente, asociado y excluyente, que convive con los restos de otras maneras de organización: las del indio, las del sistema esclavista, las del feudalismo... y las formas de pura subsistencia de los estratos populares, condenados a la miseria.

La «cultura latinoamericana» como una totalidad de sentido es un mito. La invasión colonizadora y neocolonizadora, que persiste hasta el día de hoy, ha llegado al corazón mismo de las fuerzas productoras de cultura. En todos los campos y a todos los niveles se da la división, la introyección del invasor en el mundo del invadido, la dualidad fundamental entre el autóctono y el foráneo. Sin embargo, a pesar de este proceso de dominación, podemos afirmar que está germinando —en muchos movimientos de resistencia y liberación integrados por indios, por negros, por marginados, por obreros y por intelectuales— una cultura latinoamericana en la que habrán de converger en el futuro los indios, los negros, los mestizos y los pueblos inmigrados.

¿Cómo ha sido en este marco el proceso de evangelización?

3
El cristianismo en las culturas de América Latina

No se trata ahora de sintetizar una historia tan sumamente compleja como es la de la posible evangelización de las culturas con las que se encontraron los europeos en nuestro continente. En general, puede afirmarse que no hubo «encuentro» entre la cultura del invasor y las ya existentes en las tierras amerindias. De hecho, lo que hubo fue un *enfrentamiento* y una relación de destrucción de la alteridad. Y en este drama participó la religión cristiana —cuya catequesis formaba parte del proyecto colonial—, que implantó aquí el sistema eclesiástico europeo. Los misioneros, sin excepción, identificaban el «orbis christianus» con el orden querido por Dios para el universo; la Iglesia era identificada directamente con el Reino de Dios; y el Papa y el Emperador eran los representantes de Dios ante todos los hombres. Hablaremos de ello más adelante con mayor detenimiento.

La catequesis no tuvo lugar precisamente en el contexto de un diálogo intercultural, sino que supuso la implantación de un modelo ya elaborado de cristianismo. Modelo que, sin embargo, no fue concientizado como un producto cultural de Europa, sino que fue entendido como revelación de Dios. Por eso no tenía nada que *aprender* de la cultura de los indios ni de cualquiera otra; no tenía sino que *dar*. Los misioneros entendían que les asistía el derecho divino a la predicación y a la expansión misionera. Consiguientemente, toda oposición a la actividad del misionero daba lugar a una situación de «guerra justa»[9].

---

9. Véase el libro compuesto en 1570 por Juan FOCHER, O.F.M. († 1572),

Todos los misioneros, aun los más «proféticos» —como pueden ser Fray Pedro de Córdoba (*Doctrina cristiana para instrucción e información de los indios en manera de historia*, Santo Domingo 1510-1521, México 1544) o Fray Bartolomé de Las Casas (*Del único modo de atraer a todos los pueblos a la verdadera religión*, 1537)— parten del supuesto de que el cristianismo es la única religión verdadera y que las religiones de los indios son falsas y obra de Satanás. Lo que es objeto de discusión es el método: ¿es preciso utilizar la violencia y la imposición (que es lo más común y que va íntimamente unido a la colonización) o, por el contrario —y en palabras de Las Casas—, es preferible emplear la delicadeza, la suavidad y la dulzura? Sea como sea, el efecto que se pretende con uno y otro método es el mismo: la conversión del otro. No se hace una lectura teológica de las diversas culturas y religiones de los indios; el único orden querido por Dios es el de la cristiandad, y por eso hay que forzar a todos a que se integren en dicho orden religioso, que es al mismo tiempo cultural.

Por otra parte, cuando se estudian los primeros catecismos del siglo XVI (los pictográficos; el del ya citado Fray Pedro de Córdoba; los «Coloquios de los doce apóstoles», de Fray Bernardino de Sahagún; los escritos catequéticos de Fray Alonso de Molina, de Fray Juan de la Anunciación y de otros)[10], es fácilmente perceptible una constante: la satanización de las religiones de los indios, lo cual produce una tremenda perplejidad y un verdadero escándalo en los indios (aztecas, incas, etc.). Tanto los misioneros españoles como los portugueses libran una verdadera guerra contra los dirigentes espirituales y los sacerdotes de los indios. La misión conlleva una guerra contra la idolatría. Lo que los antepasados aztecas habían enseñado y dejado en herencia «es todo mentira, vanidad, ficción; no encierra ninguna verdad»[11]. Contra los sabios mexicanos, guías

---

verdadero «vade-mecum» de los misioneros que venían a América, y en donde se defiende más de una vez como justa la guerra contra la «chusma» (los indígenas): *Itinerario del misionero en América*, Madrid 1960, parte I, cc. V y XI; parte III, cc. I-VII.

10. Puede verificarse la publicación de estos catecismos en J.G. DURAN, *Monumenta catechetica hispanoamericana*, vol. I, Buenos Aires 1984.

11. Cfr. «Los coloquios de los doce apóstoles», en *Monumenta...* (op. cit.), p. 215.

del pueblo, insisten los misioneros: «Sabed y tened por cierto que ninguno de todos los dioses a los que adoráis es Dios, ni es dador de la vida, sino que todos son diablos infernales»[12]. Se llega al extremo de entender la barbarie de los colonizadores contra los indios como justo castigo a sus pecados de idolatría, añadiéndose además la amenaza: «si no oyereis las palabras divinas... Dios, que comenzó a destruiros por vuestros pecados, acabará aniquilándoos de una vez»[13].

Finalmente, se emplea la estrategia del miedo. El primer catecismo elaborado en el Continente entre 1510 y 1521 por el grupo de Fray Pedro de Córdoba, en Santo Domingo, se inicia con la revelación de «un gran secreto que vosotros nunca supisteis ni oísteis»: que Dios hizo el cielo y el infierno. En el cielo están todos los que se convirtieron a la fe cristiana y llevaron una vida digna; y en el infierno están «todos cuantos de entre vosotros han muerto, todos vuestros antepasados: padres madres, abuelos, parientes y cuantos han existido y pasado por esta vida; y allí habréis de ir también vosotros si no os hiciereis amigos de Dios y no os bautizareis y os hiciereis cristianos, porque todos los que no son cristianos son enemigos de Dios»[14]. Y a continuación venían las correspondientes descripciones del infierno y del cielo, macabras las unas e idílicas las otras, con objeto de persuadir a los indios a abrazar la fe cristiana. Los jesuitas del Brasil atestiguan que «por experiencia vemos que por amor es muy difícil la conversión del indio, pero, como es gente servil, por miedo hacen lo que sea»[15]. Se predicaba abundantemente sobre la muerte y el juicio, y se hacía creer que los misioneros podían ocasionar la muerte a quien ellos quisieran; por eso, según el testimonio de un misionero jesuita, «unos venían a pedir la salud; otros nos rogaban que no les ocasionáramos la muerte, temerosos de nosotros, porque les parecía que podíamos causar la muerte»[16].

---

12. *Ibidem*, p. 187.
13. *Ibidem*, pp. 93 y 164.
14. En *Monumenta...* (op. cit.), p, 228.
15. *Cartas dos primeiros jesuitas do Brasil*, t. II, Rio de Janeiro 1938, p. 27.
16. *Ibidem*, p. 379.

¿Qué evangelio era ese que se basaba en predicar la condenación de todos los seres queridos del pasado, en satanizar todo cuanto les era más sagrado —las tradiciones religiosas— y en sembrar el terror hablando de la muerte, del juicio y del infierno?[17]

Conviene que hagamos una crítica teológica del tipo de evangelización practicada en los momentos fundantes de la Iglesia en América Latina. Un análisis de los catecismos a los que hemos hecho referencia revela, a nivel estrictamente teológico, una concepción profundamente cuestionable y, en ocasiones, errónea. Apenas hay rastro de la inspiración bíblica, del cristianismo como historia de la visitación de Dios a la humanidad en gracia y en perdón. Lo que prima es la estructura de la metafísica griega, doctrinaria, abstracta y universalista. Se funciona con un tipo de metafísica propio de la llamada «onto-teología»: arriba está el cielo, lugar de delicias; abajo, en el centro de la tierra, el infierno, lugar de la pena y del castigo (así aparece en el primer catecismo latinoamericano, de Fray Pedro de Córdoba). La forma de presentar a Dios responde más al esquema filosófico griego —el Ente supremo, con sus atributos— que al esquema bíblico del Dios de la alianza con la humanidad (Noé), con el pueblo (Abrahán y Moisés) y con el corazón de cada persona (los profetas); del Dios de la ternura para con los pobres (toda la tradición bíblica). Por lo que hace a Jesús, se tiene una visión metafísica de las dos naturalezas, la humana y la divina (para cada una de las cuales hay siete artículos de fe), y no se hace referencia alguna al seguimiento. La moral de los mandamientos es abiertamente casuística, en perfecta sintonía con la percepción ética de los europeos y sin la menor preocupación por la ética de la cultura del indio, salvo en aquellos puntos en los que hay pecados específicos de éste.

Teológicamente hablando, ¿podemos denominar esto «evangelización»? Más correcto sería decir que se produjo una expansión e implantación de la cultura europea, la cual había

_____

17. Véase el importante estudio de J.O. BEOZZO, «Visião indígena da conquista e da evangelização», en *Inculturação e libertação* (op. cit.), pp. 79-104.

asimilado a su modo el evangelio y lo trajo —en aquella forma ya inculturada y limitada— a las culturas-testimonio de los indígenas. Lo que hubo fue una guerra de idolatrías, si es que queremos tomar en serio el grave equívoco de que eran víctimas tanto los misioneros como los «sabios» indígenas: la identificación de la imagen de Dios con la propia realidad de Dios. Ningún misionero era consciente de que el Dios al que anunciaba era una imagen cultural elaborada sincréticamente a partir de datos bíblicos, greco-latinos y bárbaros, y no el propio Dios, que siempre trasciende el lenguaje y la representación; en cuanto a las divinidades de las culturas de los indios, tampoco pasaban de ser representaciones del misterio de Dios, y no el propio Dios. La esencia de la idolatría no es otra cosa sino la identificación de la realidad de Dios con la imagen de Dios producida por la cultura. Y esto es lo que hacían sin ningún problema los misioneros: identificar su imagen de Dios con el propio Dios. Si no hacemos este tipo de crítica interna, de orden teológico, jamás llegaremos a formular, como se pretende, una nueva evangelización.

El siglo XIX consolidó y, en cierto modo, radicalizó el tipo de evangelización que aquí se había implantado, centralizándose el cristianismo en torno a la figura del Papa y romanizándose la Iglesia entera. «Misionar» significaba llevar a todas partes la totalidad católico-romana; los pueblos que se convertían no podían tener un proyecto cultural-cristiano propio, sino que debían asumir lo que otros habían determinado para ellos e incluso, muchas veces, en contra de ellos.

Si este modelo entró en crisis, fue porque no atendía a las demandas eclesiales de las iglesias de América Latina. El Concilio Vaticano II impulsó una eclesiología centrada en el valor propio de las iglesias locales y en la inculturación del evangelio. Este espacio de libertad hizo posible Medellín (1968) y Puebla (1979), donde por primera vez se produjo un verdadero intento colectivo de ir hacia una evangelización acorde con la cultura popular, a partir de los pobres y de las culturas dominadas. Sólo ahora se da la posibilidad histórica y eclesial de crear un catolicismo latinoamericano que integre las características de las diversas culturas del Continente; un catolicismo que habrá de ser necesariamente distinto del europeo, pero abierto a éste y en comunión con otros catolicismos que habrán de surgir en las diversas culturas como fruto de la inculturación del mensaje cristiano. De ser cómplice de la dominación colonial y neocolonial, profético frente a los abusos de esta empresa (aunque sin haber cuestionado su legitimidad), solidario con los aislados intentos de autonomía protagonizados por gentes de Iglesia que apoyaron y promovieron la independencia de nuestros países (como Morelos, Fray Caneca y otros), el cristianismo pasa ahora a ser francamente liberacionista y propulsor de una plena autonomía, aunque siempre en comunión y apertura a lo universal.

La clase de evangelización llevada a cabo oficialmente por el aparato eclesiástico, vinculado directamente a los intereses del poder dominante, no logró propiciar una inculturación que respetara las culturas aquí presentes, dialogara con ellas y tratara de asumirlas. Lo que hizo fue consagrar una réplica exacta del catolicismo ya inculturado en Europa.

Hubo, sin embargo, otro tipo de inculturación de la fe cristiana por la vía del catolicismo popular[18], que no es una degeneración del catolicismo oficial, sino que posee su carácter propio. El catolicismo popular se basa fundamentalmente en la devoción a los santos y en las fiestas religiosas, y el verdadero sujeto agente de su elaboración no lo constituyen ni el clero ni el aparato eclesiástico, sino el pueblo, los laicos «devotos». Este tipo de catolicismo ha sabido asumir la cultura popular y, al no estar controlado por la Iglesia oficial, puede perfectamente inculturarse en el universo de las representaciones populares; por eso es más auténtico: porque representa una creación propia y original del pueblo cristiano en nuestro continente. De hecho, tal vez sea la única inculturación verdaderamente singular del mensaje cristiano en América Latina, a pesar de las contradicciones que encierra, porque, en un contexto de dominación, todo lo popular ha introyectado al dominador en su interior, haciendo que en lo popular haya elementos impopulares. Con todo, esta inculturación, que recibe el nombre de «catolicismo popular», ha sido un factor de resistencia y, en su mayor parte, constituye hoy un motor de la liberación política del pueblo.

---

18. Cfr. E. HOORNAERT, *O catolicismo moreno*, Ed. Vozes, Petrópolis 1990.

Por eso es por lo que está produciéndose hoy, de forma generalizada y perfectamente articulada, una nueva evangelización y un proceso de inculturación del evangelio a través de las iglesias que se han tomado en serio y no han intentado espiritualizar la opción preferencial por los pobres. Existe una nueva alianza de la jerarquía con las bases pobres del pueblo, de donde procede esa inmensa red de comunidades de base que están dando lugar a una verdadera «eclesiogénesis»: un modelo nuevo de Iglesia, nacida de la fe del pueblo y gracias al Espíritu de Dios, a pesar de la miseria, la cual ya no es aceptada, sino rechazada en virtud de una comprensión de la realidad y una práctica liberadoras. La Iglesia de los pobres —también llamada «Iglesia de las bases»— es una realidad histórico-social que representa una distinta presencia del mensaje cristiano dentro de los condicionamientos específicos de una América Latina en pleno proceso de concientización de sus propias contradicciones y superación de las opresiones que padece.

La teología de la liberación recoge esta nueva praxis de las comunidades eclesiales de base, constituyendo la Iglesia de los pobres. Además, revela, por una parte, un nuevo modo de ser cristiano y, por otra, la aparición de una nueva cultura que se construye en el diálogo entre la fe y el pueblo, entre el evangelio y la justicia social, aportando su propia colaboración al proceso global que está gestándose en todo el Continente.

4
¿Qué es el evangelio frente a las culturas y las religiones?

Los interrogantes suscitados hasta ahora en relación a la evangelización en América Latina nos remiten a una pregunta más de fondo: ¿qué es, a fin de cuentas, el evangelio frente a las culturas y las religiones?

Comencemos por la realidad más globalizante: la cultura. Tal como la hemos delimitado anteriormente, la cultura constituye un dato proto-primario. Todo cuanto es humano es cultural, sea cual sea el nivel en que consideremos el fenómeno humano. En el ámbito de la cultura se elaboran las reacciones humanas —sociales y personales— frente a las instancias que estructuran la vida humana: la relación con los bienes materiales, con uno mismo, con los demás, con la naturaleza, con las tradiciones, con el «más allá», con Dios… La religión constituye, si no la principal, sí al menos una de las principales creaciones culturales humanas. Por ella pasan las esperanzas más profundas y se da respuesta a los interrogantes más acuciantes; en ella se manejan los conceptos últimos, relacionados con la salvación, la vida eterna o la perdición… No es casual que la religión sea frecuentemente invocada para legitimar el poder, pues aquélla confiere un carácter último e inapelable a los imperativos de éste. Toda cultura produce su religión, es decir, organiza las respuestas al ansia de radicalidad y perpetuidad del corazón humano.

Existe una serie de constantes antropológicas que, articuladas de las más diversas maneras, están siempre presentes en toda formación cultural. Es el caso, por ejemplo, de la necesidad de organizar los medios de producción y reproducción de la vida (alimentación), la vivienda, el vestido, la comunicación (el lenguaje y los símbolos), el trabajo, los «roles» sexuales, las relaciones sociales y laborales, las formas de poder, etc. Pero una constante antropológica fundamental es la facultad utópica, la necesidad de proyectar los grandes sueños y definir el marco final de la historia y del mundo. Los mitos más arcaicos guardan relación con este tipo de cuestiones. Y el ser humano, tal como lo conocemos, no puede dejar de elaborar culturalmente estos puntos tan fundamentales.

1. Significado cultural y teológico de las religiones

La religión no se limita a prestar atención al grito de socorro en medio del desamparo y a responder al ansia de plenitud; a este nivel, seguimos estando en el ámbito de las carencias. Existe además el régimen de la gratuidad: el ser humano se interesa también por la naturaleza de aquel ser cuya llamada escucha, y puede relacionarse libremente con él en el servicio, en la acción de gracias y en la entrega confiada. Las religiones proyectan ciertos contenidos metafísicos que se expresan en el lenguaje de la positividad o de la negatividad y que afirman la plenitud y el ser, o bien el vacío y la nada, como expresiones humanas de aquello que es vivido como lo más significativo y relevante: Dios, Tao, Nirvana, etc.

Este fenómeno merece una lectura teológica. Según la teología cristiana, las culturas —en su aspecto de producción de sentido para la vida, en su dimensión ética y, particularmente, en su expresión religiosa— son un eco de la voz de Dios, que siempre se dirige a la sociedad y a cada subjetividad humana. Las diversas culturas son otras tantas respuestas, dadas con mayor o menor fidelidad, a la propuesta de comunión, de vida y de plenitud por parte de Dios. Las religiones, concretamente, son reacciones a la acción primera de Dios; maneras de acoger la autocomunicación de Dios a sus criaturas; cauces de la revelación de Dios a la humanidad, con todas las diferencias espacio-temporales y culturales de ésta.

Los once primeros capítulos del Génesis nos recuerdan la permanente actualidad de la revelación de Dios a todos los pueblos, tanto de ayer como de hoy. La constitución dogmática *Dei Verbum*, del Vaticano II, subraya que «Dios se manifestó a sí mismo a nuestros primeros padres ya desde el principio... y tuvo cuidado incesante del género humano» (n. 3). Y la Carta a los Hebreos comienza diciendo: «En múltiples ocasiones y de muchas maneras habló Dios a nuestros padres...» (1,1)[19]. San Juan, por su parte, es consciente de que «la Palabra ilumina a todo hombre que viene a este mundo» (Jn 1,9). El Espíritu siempre ha habitado el mundo humano y ha encendido los corazones para llevar a cabo acciones generadoras de vida. Dicho de un modo más radicalmente teológico: la Santísima Trinidad, misterio de comunión de las tres Personas divinas, siempre se ha auto-entregado a la creación y a la vida de cada persona y se ha revelado a las comunidades humanas en forma de sociabilidad, de apertura mutua de unos a otros, de amor y de entrega, y también en forma de denuncia y protesta contra la ausencia de tales valores. Toda la humanidad es templo de la Trinidad, sin distinción de tiempo, de espacio ni de religión. Todos son hijos e hijas de Dios; todos son movidos por el Espíritu; todos son atraídos hacia arriba por el Padre.

Pero, junto a esta positividad, impera también la negatividad: es la historia del autocentramiento, del rechazo y hasta de la exclusión de los otros y de las llamadas del misterio. Históricamente, la gracia viene acompañada del pecado. «Todo hombre (varón o hembra) es Adán; todo hombre es Cristo», decía san Agustín, percibiendo muy agudamente las contradicciones reales. Por eso, junto a la celebración del sentido, se da también la constatación de la iniquidad. La cizaña se mezcla constante e indisociablemente con el trigo.

Debido a esta dialéctica negativa, aparecen en la humanidad el profeta que denuncia y muere mártir y el pastor que anuncia

19. El Vaticano II dice muy acertadamente que «Dios ha hablado según la cultura propia de cada época»: *Gaudium et Spes*, n. 58; cfr. n. 44.

y anima todas las dimensiones de luz y de vida. También aquí se revela, *sub contrario,* la Santísima Trinidad.

Las culturas, como un todo, se mueven en esta compleja y dramática dialéctica. Se da en ellas la acogida calurosa de la comunicación de Dios, pero también (y más frecuentemente) el rechazo de la misma o la ambigüedad, por lo que ni la acogida ni el rechazo son nunca totales, sino «procesuales», mezclándose de tal forma que resulta difícil juzgar adecuadamente en qué medida se oyen y en qué medida se desoyen las llamadas de Dios. La religión recoge las difusas respuestas de la cultura y las codifica en el rito, en la doctrina, en los símbolos, en los códigos éticos... En esta perspectiva de una teología fundamental, todas las religiones son respuesta a la propuesta de Dios. Son caminos normales de las culturas hacia la divinidad; y son también caminos de la divinidad hacia las culturas. Dios se encuentra concretamente con las personas y con las sociedades allá donde están, en su forma concreta de organizarse en el espacio y en el tiempo. Allí las visita como gracia y como perdón, como profecía de sus fallos y sus errores y como premio y magnificación de sus logros y sus aciertos.

Esta visión que exponemos es compartida por toda la Iglesia del Vaticano II, que nos ayudó a entender que la revelación no es ante todo un conjunto de proposiciones que deben ser consideradas verdaderas por haber sido afirmadas por el propio Dios, sino que la revelación es la gesta liberadora de Dios en la historia, generando vida en abundancia y permitiendo la autoentrega del propio Dios a la vida de las personas y a su creación *(Dei Verbum).* Esta concepción abrió el cauce a una valoración positiva de la historia de la humanidad, empapada de gracia y de pecado, pero con la victoria final garantizada para la gracia *(Gaudium et Spes).* Dentro de esa historia de la humanidad, las religiones merecen una consideración altamente positiva *(Nostra Aetate),* la cual es el fundamento de la libertad religiosa, del ecumenismo y del diálogo entre las religiones *(Dignitatis Humanae).* La Iglesia, por su parte, ha de ser entendida como sacramento de la salvación universal, es decir, como signo e instrumento de dicha salvación *(Lumen Gentium)* al servicio de toda la humanidad, especialmente de quienes sufren en su búsqueda de vida y de seguridad *(Gaudium et Spes).*

2. Cuatro significados de «evangelización»

En este horizonte, ¿qué significa «evangelización»?

En primer lugar, significa dar testimonio de esta visión respetuosa y acogedora de las culturas por razón del propio Dios y de la obra que Él hace entre las culturas. El primer «misionero» es la Santísima Trinidad, que a través del Logos y del Espíritu se hace presente en cada formación cultural. De este modo, todos deben evangelizarse mutuamente, en la medida en que todos deben confrontarse a los signos realizados por Dios en las culturas, apreciarlos, acogerlos, admirarlos y respetarlos como distintos de los propios, y entrar en comunión con ellos como se entra en comunión con Dios. Esta primera evangelización sólo es posible si previamente se ha dado lo que la *Evangelii Nuntiandi* considera «el elemento esencial y, por lo general, primero», que es «la presencia, la participación y la solidaridad», por parte de quienes pretenden evangelizar, con relación a la cultura (n. 21). Nadie evangeliza a nadie si primero no se compromete con la vida y las fuerzas productoras de cultura a las que se pretende llegar con la evangelización. No basta con «estar ahí» (presencia); además, hay que participar de esa cultura, descubrir su sentido existencial, amarla y, finalmente, ser solidario con ella; y esto sólo es posible a base de un proceso de identificación con sus logros y sus fracasos, con sus virtualidades y sus límites; solidarizarse con la cultura supone asumir su luminosidad y asumir también, críticamente, su lado sombrío, porque una cultura es siempre una totalidad. Y aquí no cabe la actitud oportunista de escoger únicamente lo que parece bueno (¿a partir de qué criterios?) y rechazar lo que parece menos bueno. Solidarizarse es «hacer cuerpo» con la cultura y, a partir de sus virtualidades, ayudarla a crecer y a manifestarse (la función de la confrontación crítica y de la práctica creativa, fuente permanente de creación cultural). Sólo a partir de este proceso de simpatía y empatía tiene sentido, según la *Evangelii Nuntiandi* (n. 22), una evangelización explícita que hable de la positividad cristiana como Reino de Dios, encarnación, resurrección, filiación divina y demás contenidos de la utopía evangélica.

Este primer punto no debe ser considerado como una especie de «praeparatio evangelica», es decir, como una táctica orientada a la «captatio benevolentiae», sino que es ya verdadero evangelio, por cuanto supone de clima de cercanía afectiva y de descubrimiento de la presencia del propio Dios en las culturas. Es una mística que sabe ver en profundidad y discernir en las formaciones culturales la respuesta humana a la propuesta divina. La presencia de este clima es tan importante y esencial que constituye una *conditio sine qua non* de toda evangelización explícita. Cuando ésta se realiza sin la mística de la presencia universal y efectiva del Dios trino en las culturas, lo que se hace es imponer a la cultura que se pretende evangelizar unos contenidos teológicos elaborados y revestidos con el ropaje de otra cultura. Sin el evangelio de la fraternidad, no hay mensaje ni práctica alguna que pueda reivindicar para sí el título de «evangelización». Desde esta perspectiva, es fácil caer en la cuenta de lo problemática que fue la «primera evangelización» de América Latina en el siglo XVI, que no tuvo lugar en un contexto de fraternidad, sino de conquista, de dominación y de destrucción del otro.

En segundo lugar, es importante acoger teológicamente la religión de la cultura en cuestión. Sabemos, como dijimos más arriba, que la religión constituye el alma de la cultura. Consiguientemente, si no se dialoga con su religión, jamás se logrará entender profunda e íntimamente dicha cultura, sino que se hará siempre una lectura de la misma extrinsecista y, en el fondo, perversa, porque no se hace justicia ni a las personas que viven esa cultura ni a las representaciones más excelsas que ellas ponen en relación con su religión. En los procesos que conocemos de evangelización, siempre que se ha combatido y hasta aniquilado la religión del otro, se ha seguido un proceso de dominación cultural y de imposición de un cristianismo ya inculturado. Es decir, se ha renunciado a la evangelización, en cuanto proceso de autogestación del evangelio en términos de buena noticia a partir de las matrices culturales del otro.

La evangelización exige reproducir la misma práctica de Jesús, que se sintió dentro de la religión de su pueblo. Para él, las Escrituras eran el Antiguo Testamento, no el Nuevo Testamento. Jesús no fue un cristiano, sino un judío que, a partir de la experiencia de la fe del pueblo, intentó transmitir su experiencia reveladora del Padre, que tiene un Hijo y que, en el poder del Espíritu, actúa de manera transformadora dentro de la historia de la construcción del Reino. En palabras de Pablo VI, que en la *Evangelii Nuntiandi* (n. 7) subraya el hecho de que Jesús haya sido «el primer evangelizador», la evangelización consiste, fundamentalmente, en hacer lo que hizo Jesús: anunciar una gran esperanza, el Reino, que arranca de la aspiración más utópica de la profundidad humana: la de una creación definitivamente rescatada y liberada de todo tipo de opresión y capaz de sentir el gozo de conocer a Dios y de ser conocida por Él. Y propio de la realización histórica de esta utopía es el proceso de transformación personal y colectiva que llamamos «conversión». Esta utopía se manifiesta en signos concretos precursores de un final bienaventurado. Y uno de los signos más convincentes es la constitución de una comunidad que vive ya esa novedad en medio de este mundo viejo, testimoniando ante los demás los signos liberadores de las diversas carencias que históricamente afligen a la existencia (la enfermedad, el hambre, el menosprecio de los pobres, que ahora son los primeros destinatarios del evangelio, etc.) y, al mismo tiempo, invitando a los demás a constituirse también en comunidad. La promesa que encierra este proceso evangelizador es la «renovación de la humanidad, haciendo que surjan hombres y mujeres nuevos en una cultura sanada desde sus mismas raíces» (cfr. *Evangelii Nuntiandi,* nn. 7-17; 18-21)

En tercer lugar, la evangelización debe producir, dondequiera que se encuentre con las culturas, lo que su propio nombre indica: la Buena Nueva. Pero ¿qué es la Buena Nueva? ¿Para quién es buena? No puede determinarse a priori en qué consiste la Buena Nueva sin hacer referencia a las culturas concretas y a la manera en que éstas configuran la expectativa fundamental de la existencia humana. Pero sí tenemos buenas razones para afirmar que existe un dato transcultural, intrínseco a las diversas culturas y relacionado con el sentido originario de la vida: la reafirmación de la vida y el deseo de perpetuidad y de realización plena del conjunto de la misma. El ser humano desea vivir, y vivir sin fin; pero no como mera prolongación de la vida mortal, sino como realización de todas sus virtualidades, que se expresan en el deseo, en la libido, en la utopía y en la esperanza contra toda esperanza. La muerte es el elemento más difícil de ser integrado, porque pone en entredicho el deseo de vivir sin fin.

¿Cuál es, pues, la Buena Nueva radical? Ni más ni menos que el poder oir, como promesa y realización, que hay para todos nosotros vida más allá de la vida; que es un hecho la realización absoluta de la vida como actualización de todas sus potencialidades intrínsecas de ser, de comunión y de comunicación. Y esto es lo que significa la resurrección[20]. La resurrección es mucho más que la reanimación de un cadáver. Es la plenificación y la realización de la vida en su placer de vivir. La Buena Nueva, por consiguiente, es la resurrección.

¿Dónde radica la positividad del cristianismo? En afirmar que esta utopía (en el sentido pleno y positivo de la palabra) se historizó en el hombre Jesús de Nazaret, nacido bajo el imperio de César Augusto y crucificado en tiempos de Poncio Pilato. Este feliz acontecimiento no constituye tan sólo un dato biográfico de Jesús, sino que es una afirmación para toda la humanidad de que no habrá de verse defraudada en su esperanza de vida, sino que le está permitido esperar, porque la resurrección es posible; y que lo posible ya aconteció definitivamente en un miembro de nuestra raza. Lo que ya es realización presente en Jesús es promesa real para cada ser humano. La masa de la humanidad está habitada por la anticipación de la vida nueva que anida ya en nuestra cansada y vieja existencia.

El núcleo central de la Buena Nueva es la proclamación del triunfo de la vida a partir de alguien a quien le fue violentamente arrebatada la vida, puesto que fue injustamente crucificado. La

---

20. El hecho de la vida nueva de Jesús fue interpretado en la Iglesia primitiva por medio de dos categorías distintas: la de la elevación/exaltación del justo sufriente (de origen apocalíptico) y la de la resurrección (de origen escatológico). Se trataba de dos códigos culturales distintos, empleados para expresar la novedad del Crucificado, ahora vivo de una manera absolutamente peculiar (Pablo llama a Cristo *novissimus Adam,* dotado de un cuerpo espiritual: 1 Cor 15,44); se trata de significar, no la reanimación de un cadáver, como en el caso de Lázaro, sino la plena glorificación y transfiguración de toda la realidad terrena de Jesús por entero, en su corporalidad y en su espiritualidad. Sobre todo este asunto, cfr. J. KREMER, *Die Osterbotschaft der vier Evangelien,* Stuttgart 1968; Id., *Das älteste Zeugnis von der Auferstehung Christi,* Stuttgart 1967; P. SEIDENSTICKER, *Die Auferstehung Jesu in der Botschaft der Evangelien,* Stuttgart 1968; L. BOFF, *La resurrección de Cristo. Nuestra resurrección en la muerte,* Ed. Sal Terrae, Santander 1986 (3.ª edición).

resurrección no es la afirmación pura y simple de la vida, a lo Nietzsche, sino la transfiguración de la vida a partir de la derrota histórica de la misma vida. Lo cual nos remite a la promesa de que los primeros —después del único (Jesús)— que habrán de heredar la resurrección son los que toman parte en el mismo destino de Jesús, los que mueren por causa de la justicia y por defender la vida de los empobrecidos, por la que se ejerce la denuncia profética, se lucha y se entrega la propia vida. Jesús es el primero de muchos hermanos y hermanas (cf. Rom 8,29) que también participan en la resurrección.

¿Por qué acaeció la resurrección en Jesús de Nazaret y no en cualquier otro hombre ni en otro tiempo? Esta pregunta preocupó seriamente a la primitiva comunidad cristiana. Los estudiosos nos dicen que sólo a partir de la resurrección se desencadenó el proceso cristológico[21]. Es decir, la pregunta básica era: ¿quién es ese Jesús a quien nosotros hemos conocido, en cuya vida hemos participado, cuya gesta hemos vivido, a cuya crucifixión hemos asistido impotentes y de cuya resurrección damos ahora testimonio gozoso? ¿Cómo ha de entenderse a este hombre así transfigurado? Para responder de manera adecuada y exhaustiva —en la medida de lo posible— a esta pregunta se otorgaron a Jesús los más diversos títulos, desde los de «profeta», «maestro», «taumaturgo», pasando por los de «hijo de David», «Mesías-Cristo» y otros, hasta el de «Hijo de Dios» e incluso el de «Dios» mismo, encarnado en nuestra miseria.

Conviene no olvidar que todos estos esfuerzos de interpretación pretenden descifrar quién es Jesús crucificado y resucitado, portador de vida nueva y en plenitud. Por consiguiente, toda la labor descifradora del misterio de Jesús (que afecta a su realidad escondida, ahora revelada por el progresivo descubrimiento por parte de la comunidad apostólica) intenta captar la radicalidad implícita en el acontecimiento-resurrección. Al final de su proceso de descubrimiento, la comunidad estaba en condiciones de profesar que Jesús de Nazaret —profeta ambulante;

---

21. Véase, por ejemplo, R. SCHNACKENBURG, «La resurrección de Jesucristo, punto de partida y principio fundamental de la cristología neotestamentaria», en *Mysterium Salutis* III/1, Ed. Cristiandad, Madrid 1971, pp. 248-266

anunciador del Reino; amigo de los pobres y marginados, a los que trataba como los primeros destinatarios de su mensaje; crítico de su tiempo; revelador de Dios-Padre, de quien él se sentía Hijo; lleno de un poder carismático (el Espíritu) que liberaba y convocaba a unas nuevas relaciones realmente fraternas; rechazado, crucificado y, finalmente, resucitado— no podía ser otro que el propio Dios en nuestra carne. Gracias a él, eso que nosotros llamamos «Dios» está absolutamente presente entre nosotros, sin la menor restricción, como auto-entrega total, hasta el punto de ser uno de nosotros. Por el hecho de ser él nuestro hermano, también nosotros participamos de esa cualidad nueva de la existencia en Dios. Con razón afirma el Vaticano II: «Por su encarnación, el Hijo de Dios se unió en cierto modo a todos los seres humanos» (*Gaudium et Spes,* n. 22). Primeramente se unió al hombre Jesús; pero, dado que ningún hombre puede agotar en sí toda la capacidad de recibir a Dios, por eso nosotros, sus hermanos y hermanas, hemos recibido también, en comunión con él, esa capacidad. Cada uno de nosotros es un virtual «assumptus homo venturus».

A este conjunto de visiones, todas ellas en torno al acontecimiento-resurrección y como explicitaciones y desdoblamientos del mismo, podemos llamarlo «evangelio». «Evangelizar» significa, pues, testimoniar, proponer y tratar de «producir», junto con los demás, esta «buena-ventura», la cual, como fácilmente puede verse, tiene que ver con el destino de toda la vida y con el sentido último de la historia, y no se opone a ninguna cultura; al contrario: va al encuentro de la fuerza gestadora de cultura más fundamental, que es el deseo de vida (en lo económico, en lo político, en lo religioso, etc.), presente en todas las culturas.

En cuarto y último lugar, evangelizar es también *celebrar.* Pertenece a la positividad cristiana la celebración de la presencia del Resucitado en todas las coyunturas de la vida. Particularmente importante en este sentido es la celebración eucarística, donde se toman elementos primordiales de nuestra cultura mediterránea —el pan y el vino— para significar la vida nueva, actualizada ya en la figura de Jesús y abierta a ser participada por todos. En otras culturas serán alimentos distintos (el arroz en las culturas asiáticas, el maíz en las meso-americanas, etc.)

los que sirvan de base simbólica para indicar esta presencia de la vida resucitada dentro de nuestra historia. Pero la resurrección, que se «densifica» en la celebración eucarística, no se restringe a este campo, porque alude a un proceso de transformación de la vida vieja en nueva que invade todos los procesos hasta la transfiguración definitiva del universo, también él resucitado.

El modo en que cada cultura haya de expresar esta utopía ya realizada, que hunde sus raíces en la abisalidad de nuestros mitos, en las pulsiones más primitivas del inconsciente y en las búsquedas más radicales de cada corazón, es algo que depende de cada lenguaje cultural. Nuestra cultura occidental ha empleado instrumentos tomados de diversas tradiciones culturales (la judía, la griega, la romana, la germánica, la moderna...) para expresar el acontecimiento-resurrección y todo cuanto éste implica; pero ello no significa que pueda pretender haber agotado el acontecimiento y haber descifrado su misterio.

5
Las culturas
asimilan el evangelio

La evangelización no se da fuera de la cultura, sino que siempre tiene lugar a caballo de las cosmovisiones culturales existentes. Ahora bien, el evangelio no se identifica *con* las culturas, sino *en* las culturas, sin que le sea posible existir fuera de una determinada expresión cultural, ya sea la articulada por Jesús en el universo semítico, ya sea la desarrollada por Pablo dentro de los parámetros del helenismo y del judaísmo de la diáspora, ya sea la de los cristianos de los primeros siglos a partir de la matriz de la cultura greco-romana y, más tarde, de la cultura bárbara. Por eso tenía razón Puebla cuando constataba: «la fe transmitida por la Iglesia es vivida a partir de una cultura presupuesta, esto es, por creyentes ''vinculados profundamente a una cultura, y la construcción del Reino no puede por menos de tomar los elementos de la cultura y de las culturas humanas'' (cfr *FN*, n. 20)» (*Puebla*, n. 400).

Si anteriormente admitíamos que toda cultura significa ya una respuesta (positiva, negativa o ambigua) a la propuesta de Dios, podemos entonces admitir también sin dificultad que dentro de ella existen siempre brotes del Reino, sacramentos de la gracia, signos de la presencia del Verbo e indicios de la actuación del Espíritu. En toda cultura coexisten el Antiguo y el Nuevo Testamento. Me explico: el Dios Trino ya está actuando dinámicamente en los procesos culturales, auto-entregándose de manera progresiva (eso sería el «Antiguo Testamento») hasta llegar, finalmente, a donarse a sí mismo del todo, sin intermediación alguna, a la humanidad toda —hombre y mujer—, representada concretamente en el hombre Jesús de Nazaret («Nuevo Testamento»). Lo decisivo no está en subrayar que Jesús sea varón, judío de Galilea, perteneciente a una cultura mediterránea basada en el cultivo del trigo, del aceite y del vino (alimentos primordiales de reproducción de la vida y la cultura), sino en percibir que, en Jesús, la humanidad entera (que se realiza en cada ser humano y de distintas maneras culturales) está siendo asumida por la divinidad; o, por decirlo de otro modo, que la humanidad entera está acogiendo a la entera divinidad. La afirmación de este acontecimiento constituye la positividad cristiana que ha de ser ofrecida para que pueda ser libremente acogida por todas las personas en sus maneras de organizar y reproducir la vida.

El eco que semejante anuncio pueda tener en las distintas culturas habrá de ser verificado en cada caso. Nosotros conocemos tan sólo unas pocas inculturaciones de este evangelio (en la cultura hebrea, en la griega, en la romana, en la germánica y en la moderna). Pero cuál sea la recepción de este evangelio en las culturas guaraní, náhuatl, maya, quechua, yorubá o xavante, depende de dichas culturas; no sabemos lo que significará. Hoy nos parece bastante claro que evangelizar no consiste en reproducir en el otro la expresión cultural propia; no puede consistir en adaptar el evangelio a las dimensiones superficiales de la cultura, sino que, como insistía Pablo VI, debe llegar, «en profundidad, hasta sus mismas raíces» (*Evangelii Nuntiandi*, n. 20); la evangelización debe producir culturalmente el evangelio como Buena Noticia, debe autogenerar un sentido globalizador y último de la totalidad cultural. En este proceso creativo, la fe se presenta más como una mística de encuentro con la divinidad que como la apropiación de un credo; se vive más como una espiritualidad que como una dogmática[22]. Y esto es así, porque no es tanto que el evangelio se inculture, sino que es la cultura la que incorpora, a su modo, el evangelio.

Suele decirse que el evangelio debe inculturarse, es decir, penetrar las raíces culturales y, de ese modo, asumir las expre-

---

22. Cfr. M. FANG, «Teología de la inculturación», en *Evangelización de la cultura* (op. cit.), pp. 201-225, espec. p. 210.

siones propias de las culturas. Esta manera de hablar da a entender que existe el evangelio en sí y que, en virtud de una fuerza intrínseca, puede fecundar las distintas culturas. Pero, en realidad, no es así. El evangelio no existe «desnudo», sino que siempre está culturalmente «vestido». El hecho de que la revelación y el evangelio hayan sido codificados en las culturas judeo-cristianas occidentales, y que la Biblia sea el libro inspirado (habría que definir exactamente en qué sentido dogmático ha de ser entendido esto), no significa que su expresión cultural participe de la esencia irrenunciable del evangelio y de la revelación. Puede decirse que cada expresión cultural recoge el evangelio, pero también lo encoge; lo concreta, pero también lo limita. Esta afirmación es importante, porque existe el peligro de que tomemos la versión cultural occidental de la fe cristiana —en la que tomaron forma el credo, los dogmas y la teología— como perteneciente al propio evangelio. De hecho, la evangelización significó, históricamente, una implantación de la cultura occidental tanto en China como en América Latina y en Africa.

1. Asimilación reductora del cristianismo

Si comparamos, aunque sea superficialmente, la inculturación bíblica del evangelio con la inculturación greco-romana-bárbara, nos damos cuenta de que tuvo lugar un enorme proceso de asimilación que, con los criterios de hoy, podríamos calificar de «reductora». Veamos algunos ejemplos:

El concepto de Dios: en el mundo bíblico, Dios es pensado en categorías de vida y de historia, de alianza con la humanidad, de ética de la justicia y la solidaridad para con los «injusticiados»; en la inculturación occidental se representó a Dios, en el marco de la metafísica del ente, como Ser supremo, inmóvil, inmutable y suprahistórico. La fe en el Dios Trino —Padre, Hijo y Espíritu Santo— se inculturó como fe en el Dios-naturaleza divina, omnipotente, sabia y providente.

La figura del Reino: es una categoría holística y política; bíblicamente, significa la totalidad de la creación rescatada y organizada según los criterios del designio amoroso de Dios; el Reino representa la política global de Dios que va siendo hecha realidad en la historia del cosmos, de las naciones y del pueblo elegido y en la profundidad de cada corazón. En la inculturación occidental, el Reino se transformó en sinónimo del «otro mundo», del «más allá», sufriendo una profunda espiritualización y una total despolitización. Lo cual es tanto más grave por cuanto que sabemos que el Reino constituye la *ipsissima intentio Jesu,* la propuesta originaria del Jesús histórico.

La percepción de la historia: bíblicamente, la historia es la gran realidad donde se da la revelación de Dios y se realiza su designio; se trata de una realidad procesual que camina hacia una plenitud escatológica, en medio de una onerosa dialéctica de enfrentamientos, de caídas, de juicio, de misericordia y de triunfo de la vida y de Dios. Para la inculturación del evangelio en el universo greco-romano, la historia es irrelevante y no añade nada nuevo, porque los acontecimientos son meros accidentes de una esencia siempre idéntica a sí misma o apariciones fugaces de un proyecto eternamente definido por Dios. Esta actitud condujo a una completa secularización de la historia, por ser ésta teológicamente irrelevante. Y, por eso mismo, el cristiano (y especialmente la jerarquía) ha interferido en dicha historia sin mayores escrúpulos éticos o, si se prefiere, sin dar cabida a inspiración alguna de fe, porque la historia, en definitiva, no cuenta para nada.

El concepto de «ser humano»: bíblicamente, el ser humano es considerado como una unidad de situaciones existenciales que tienen lugar en la carne, en el cuerpo y en el espíritu. Cada situación fundamental configura un proyecto: el de la carne, apuntando a la auto-realización egoísta y terrena; el del cuerpo, orientado a lo social y personal, siempre abierto a la comunión con otros; el del espíritu, dimensionado hacia la trascendencia divina, en la perspectiva de la feliz convivencia con Dios. En la inculturación greco-romana, el ser humano fue asumido como «compuesto» de dos principios —cuerpo y alma—, centrándose toda la valoración en ésta y reduciendo aquél a un simple peso del que debemos liberarnos de mil maneras. El futuro es para el alma, que es en la que habita Dios y la que constituye el objeto de la «cura» pastoral. El cuerpo, en cambio, es abandonado a sí mismo, sometido, castigado y entregado a la sepultura.

El mensaje de la resurrección: bíblicamente, la resurrección significa la plenificación del ser humano completo, en su exterioridad y en su interioridad; es la gran utopía del hombre y la mujer nuevos; la buena nueva que, a partir de Jesús, ha de realizarse en todas las personas ya en este mundo y habrá de culminar en el encuentro dichoso con Dios en la otra vida. En la inculturación occidental de la fe, la resurrección quedó relegada a lo escatológico, perdiendo todo su atractivo evangelizador, porque ya no era algo prometido para este tiempo como expresión de nuestra participación en Jesús resucitado; y cada vez fue adquiriendo mayor predicamento la doctrina platónica del alma inmortal, que a través de la muerte se libera de la cárcel de este cuerpo corruptible, y sólo entonces puede vivir libremente en Dios. Será únicamente al final de la historia cuando se reúna con el cuerpo, el cual había quedado disuelto en la materia. De este modo se destruye la unidad fundamental del ser humano y se parcializa la resurrección, que afecta única y exclusivamente al cuerpo, dado que el alma es, por naturaleza, inmortal.

Y así podríamos referirnos a otros muchos temas. Pero no se trata aquí de contraponer dos modos de inculturación, la judía y la occidental, porque las inculturaciones dicen y, al mismo tiempo, ocultan; afirman y, a la vez, limitan. Sobre lo que queremos llamar la atención es sobre el peligro que nos acecha de «fundir» de tal manera el evangelio con sus instrumentos de inculturación que pasemos a considerar como evangelio lo que sólo es cultural, y que, debido a ello, tratemos de imponer una cultura sobre otra, impidiendo que ésta asimile —con el mismo derecho y libertad con que lo hicieron las culturas judía, greco-romana y germánica— la fe y el evangelio.

Tampoco queremos afirmar la superioridad de una inculturación con respecto a otra. Lo único que ocurre es que son diferentes, y cada una produce todo un universo de sentido. Lo que es inadmisible es el monopolio del experimento del evangelio por parte de ninguna forma de inculturación. Todas ellas pueden y deben hacer su propia síntesis, como fruto de un proceso de asimilación en su propio contexto y según sus propios moldes. Todas deben producir la buena nueva de la vida.

Con lo cual queremos afirmar que el dato permanente y fundamental es la cultura, que ya está impregnada de revelación, de evangelio y de Dios y que cuando, gracias a sus «actores» sociales, entra en contacto con la positividad de la fe y del evangelio (como revelación de la absoluta afirmación de la vida por la resurrección y de todo cuanto ello supone en términos de «Dios», de «filiación divina», de «acción del Espíritu en la historia», etc.), lo asimila como puede y lo expresa según los códigos que le permite su totalidad.

Es éste un proceso dialéctico que exige una doble ósmosis: la cultura se transfigura al contacto con el evangelio, y éste se incultura en relación con las matrices culturales. Pero en esta dialéctica la relación se establece a partir del polo de la cultura, que es el analogado «princeps»; y a partir de ella existe el evangelio como realidad histórica. Una vez inculturado, el evangelio incide en otras culturas para, de nuevo, experimentar un proceso de depuración y de ósmosis y ser recibido en las mismas raíces de esas otras culturas. Todo lo cual debe ser también concebido en su dialéctica negativa, en lo que tiene de negación, de ambigüedad, de insuficiencia y de distorsión. Pero estas patologías únicamente son posibles a partir de la «sanidad» fundamental que debe caracterizar a toda inculturación. Sólo un cuerpo sano puede enfermar; y toda enfermedad remite a la necesidad de recobrar y conservar la salud.

En el proceso de evangelización, concretamente, se produce el encuentro del evangelio ya inculturado con otra cultura (en sus «actores» sociales) que aún no se ha confrontado con él y que, por consiguiente, ni siquiera lo ha asimilado. En este punto conviene que prestemos atención a dos fenómenos:

El primero es el siguiente: no existe en realidad encuentro de culturas, sino encuentro de «actores» sociales de dos o más culturas distintas. Por ejemplo, los «doce apóstoles» (nos referimos a los primeros misioneros franciscanos en México a partir de 1521) llevan a cabo un arduo diálogo con los sabios aztecas, a lo largo del cual se manifiestan las estructuras culturales de cada una de las partes: la lengua, las costumbres, las cosmovisiones, la religión, la manera de concebir el poder y de definir el significado de la presencia de una parte frente a la otra (como conquista, como invasión militar y religiosa...). Al encontrarse los «actores» sociales, hace su aparición un elemento imponderable: la destreza humana para llevar a cabo un diálogo capaz de producir lo nuevo con independencia de los condicionamientos culturales. He ahí lo específico de la praxis humana: que es creadora de lo nuevo, no sólo reproductora. Y eso «nuevo» es fruto del encuentro entre los «actores» y sus horizontes específicos y de la problematización que brota en virtud de la confrontación mutua. A partir de este fenómeno, el evangelio como utopía, como convocación radicalmente humana, puede ser captado por encima de su inculturación específica y puede ser asimilado o rechazado por la otra cultura.

Y el segundo fenómeno es el siguiente: para que haya diálogo y encuentro, es menester un ámbito de comunión común más amplio y abarcante que la propia cultura. Todo ser humano es cultural y no puede existir fuera de una determinada expresión cultural; pero, precisamente por ser humano, es también transcultural. Es decir, el ser humano no es totalmente reducible a una expresión cultural determinada. Cada cultura explicita y organiza unas virtualidades humanas concretas, pero deja encubiertas y sin realizar otras muchas, posiblemente explicitadas en otras culturas. Así, por ejemplo, la ciencia y la técnica que hoy se han expandido por todo el mundo son expresiones originarias de la cultura occidental. Pero no son sólo occidentales, sino que son humanas; y por el hecho de ser humanas pueden ser comprendidas y asumidas por otros seres humanos, tanto de Oriente como de Occidente, e incluso por los propios indígenas. Precisamente por ello podemos aprender de los viejos sabios chinos, japoneses o griegos y apreciar las poesías egipcia, maya o azteca, que, además de ser lo que son en su especificidad cultural, son humanas y susceptibles de ser comprendidas por otros seres humanos. Algo semejante ocurre con el evangelio: que puede ser asimilado por distintas culturas y revelar virtualidades que le son intrínsecas, en la medida en que fuere incorporado a los moldes culturales de los diversos pueblos, pero quedando siempre abierto también a nuevas inculturaciones.

2. Paradigmas de una evangelización integral

En el proceso de evangelización podemos distinguir cinco paradigmas fundamentales:

El primero es el paradigma *encarnación:* la cultura permite al evangelio encarnarse en sus propios moldes; se trata de un proceso de asunción[23], con las limitaciones que toda encarnación conlleva; pero sólo así, limitado, el evangelio se hace concreto. Cada cultura es, en cierto modo, un absoluto o, mejor, un universal concreto. Cada cultura constituye un sistema de sentido completo.

El segundo es el paradigma *Trinidad:* la relacionalidad fundamental de todas las culturas, cada una de las cuales constituye, evidentemente, un sistema completo, pero abierto a otros sistemas y a otras culturas, porque ninguna de ellas agota las posibilidades del ser humano, personal o social. Entre las culturas debe imperar lo que impera en el misterio trinitario: la radical relacionalidad entre las tres Personas divinas, cada una de las cuales es una e irreductible, pero está siempre en relación y en *perijorésis* con las otras. La comunión y la reciprocidad de las Personas hacen que constituyan un Dios uno. Pues bien, esta misma estructura de relacionalidad debe imperar entre las culturas: si se respeta la relacionalidad, se evita la dominación de una cultura por otra.

El tercero es el paradigma *redención.* La encarnación y la relacionalidad confrontan también a unas culturas con otras en sus distorsiones y patologías. La redención efectuada en el diálogo y en la confrontación intercultural supone la necesaria conciencia de la imperfección, las ambigüedades y los errores de que adolecen las respectivas culturas. Nadie es criterio para nadie. Sin embargo, cabe preguntar a cada «totalización» cultural en qué medida produce vida para todos, especialmente para los pobres y los marginados, y hasta qué punto fomenta la libertad de las personas. Tales valores son elementos fundantes de la humanidad y criterios transculturales que nos permiten apreciar el nivel de hominización y de humanización que las culturas producen o dejan de producir.

---

23. El Vaticano II expresa el sentido de esta «asunción», que consiste en «adaptar en lo posible el Evangelio a la capacidad de todos y a las exigencias de los sabios. Esta proclamación acomodada de la palabra revelada debe permanecer como ley de toda evangelización. Así se incrementa la facultad de anunciar de manera peculiar el mensaje de Cristo en todas las naciones...» (*Gaudium et Spes,* n. 44).

El cuarto es el paradigma *resurrección:* todas las culturas, especialmente cuando se enriquecen con el diálogo con las personas y grupos de otras culturas, se ven abocadas a una transfiguración, a mantenerse siempre abiertas y a explorar todas las posibilidades que encierran sus respectivas «matrices». Cada cultura debe poder permitirse a sí misma la creatividad que significa la irrupción de lo nuevo, elemento anticipador de la transparencia absoluta en la relación intersubjetiva y en las comunicaciones sociales. Por el principio-resurrección se postula la plena realización de las posibilidades inherentes a los diversos moldes culturales, que acaban apuntando a un sentido transhistórico absoluto, del que se perciben anticipaciones y signos concretos[24].

Y el quinto y último es el paradigma *reino,* con el que se pretende significar el marco final de todas las culturas, todas las cuales, al igual que todos los pueblos, pertenecen al Reino de la Trinidad y no habrán de desaparecer. No sabemos cómo ni cuándo se producirá la manifestación del juicio purificador y de la transfiguración de cada cultura; pero sí sabemos que éstas habrán de acompañar al ser humano, el cual no es concebible sin la cultura. Las culturas habrán de participar del destino feliz de la humanidad de insertarse plenamente en la vida trinitaria, donde Dios será todo en todas las culturas.

---

24. Acerca del significado antropológico-transcultural de Cristo, dice el Vaticano II: «El Señor es el fin de la historia humana, el punto en el que convergen las aspiraciones de la historia y de la civilización, el centro del género humano, la alegría de todos los corazones y la plenitud de todos sus deseos. Fue a él a quien el Padre resucitó de entre los muertos, lo glorificó y lo sentó a su derecha, constituyéndolo en juez de vivos y muertos» (*Gaudium et Spes,* n. 45).

6
Obstáculos cristianos a la inculturación del evangelio hoy

Existen muchos obstáculos y de muy distinto orden: la rigidez de las propias culturas, arrogantemente orgullosas de sus tradiciones y de sus logros históricos e incapaces de auto-cuestionarse a fondo; las estructuras de injusticia, que hacen a las personas y a las instituciones insensibles ante los gritos de los oprimidos; la prepotencia de las personas que se niegan al diálogo y se cierran en sus propios valores culturales; etc. Ahora queremos fijarnos en un único punto: el propio cristianismo histórico como uno de los obstáculos a la inculturación del evangelio.

El evangelio, innegablemente, desencadenó en la historia un impresionante torrente de generosidad, de servicio abnegado a los demás, de exaltación de la dignidad humana; gestó, además, figuras de la más alta significación antropológica (la cual resiste cualquier examen a partir de los criterios de cualesquiera culturas del pasado o del presente), como San Francisco de Asís, Bartolomé de las Casas, Albert Schweitzer, Martin Luther King o Dom Helder Câmara; y produjo una cultura que ha expresado indiscutibles profundidades de la existencia humana, en cuanto humana y universal. Todo lo cual debe ser reconocido por cualquiera que analice el fenómeno, aunque no profese la fe cristiana

Pero el cristianismo, sobre todo en su versión católico-romana, ha dejado también un lastre de negatividades que no deben ser escamoteadas. Concretamente en el campo del diálogo intercultural, el cristianismo manifiesta hoy unas dolorosas manifestaciones, debido, particularmente, a la imagen que proyecta hacia fuera —una imagen que es vista por quienes no son cristianos y que, sin embargo, «padecen» nuestro proceso de evangelización— y a su forma de organizarse internamente. Veamos cada uno de estos dos puntos.

1. El cristianismo visto por los no creyentes

Para quien contempla históricamente el cristianismo desde la óptica de los no creyentes, la imagen que aparece es la de una religión que es producto de la cultura occidental, con todas las contradicciones de ésta y, en particular, con la pretensión de ser la única verdadera y detentar el monopolio de la revelación y de la salvación. Hoy día, el Occidente nos parece, cada vez más, un accidente traumático en el proceso global de la humanidad. ¿Por qué? Porque fue en Occidente donde se gestaron las grandes ideologías y praxis de dominación mundial (la Ilustración, el capitalismo y el comunismo marxista-leninista); fue Occidente el que promovió el colonialismo y el sometimiento de las culturas en Asia, Africa y América Latina; y en este proceso de invasión militar, de ocupación comercial, de dominación política y de avasallamiento ideológico se han cometido genocidios como no se habían conocido en la historia de la humanidad. El lenguaje más utilizado ha sido el de la violencia pura y dura, el de la represión de toda resistencia y el del sofocamiento de las ansias de libertad, satanizando, salvo raras excepciones, las religiones de los demás[25] y abriendo camino, de este modo, a su destrucción o a su constante persecución.

En rigor, muchos de los «mártires» del catolicismo no son tales mártires. Si murieron, fue, en muchos casos, por haber

---

25. El primer texto escrito en América Latina, en 1498, fue el de Fray Ramón PANÉ, *Relación acerca de las antigüedades de los indios* (reeditado en México en 1985), donde se refería de manera negativa, satanizadora, a las religiones de los indígenas (pp. 21, 35, 41)

despreciado con las expresiones más duras y los gestos más inequívocos las religiones, los ritos y las divinidades de otros pueblos, los cuales se defendieron eliminándolos. La expansión del sistema eclesiástico europeo a otras partes del mundo se realizó, por lo general, al amparo del poder militar y de los privilegios sociales, constituyendo un solo bloque con la fuerza que sometía a los pueblos colonizados. ¿Cómo no comprender a los indios sometidos que se quejaban acusando al dios cristiano de ser cruel, injusto y despiadado? Los descendientes de los negros traídos de Africa y dispersados como animales de carga por diversos países de nuestro continente tendrán perfecto derecho a reivindicar, hasta el día mismo del juicio final, justicia contra los blancos cristianos que los esclavizaron e hicieron de ellos combustible barato para la producción de una riqueza inicua.

No obstante este cúmulo de desventuras achacables al cristianismo histórico —que, por su lenguaje, por su estilo, por sus ritos y por su pensamiento, es occidental y accidental—, fue con su concurso como se articuló ese proyecto científico-técnico (la modernidad) que hoy ha dado origen a un verdadero ecumenismo transcultural, gracias al cual combatimos a enemigos encarnizados de la humanidad (el hambre, las enfermedades endémicas, las distancias, las fuerzas violentas de la naturaleza...) y creamos comodidades para la existencia humana que alivien el peso de la vida mortal. Pero, por otro lado, también se ha transformado en el arma más eficaz para dominar a los pueblos, a los que se mantiene en el subdesarrollo y se les vende a precios abusivos las fórmulas técnicas y los proyectos científicos. En este punto, tal vez el cristianismo no haya sido lo suficientemente negativo —es decir, crítico— para darse cuenta del inmenso potencial de domesticación, uniformización y occidentalización que se transfiere a otras culturas desde los países centrales del orden social, político y cultural de Occidente, hegemónicos en la política mundial. Esta coalición entre cristianismo, ideología y praxis de dominación occidental ha dotado al cristianismo de un aura de ambigüedad y complicidad que empaña enormemente el brillo de la praxis y la palabra evangélicas de Jesús.

2. El cristianismo visto por los creyentes

Otro de los motivos que dificultan la inculturación del evangelio en las culturas de hoy es el modo que tiene de organizarse la dimensión institucional de la Iglesia católico-romana. La Iglesia de Cristo se entiende a sí misma como un misterio sacramental, es decir, como una realidad que tiene que ver con las realidades divinas más fundamentales, como la Trinidad, la salvación definitiva de la creación y la resurrección de los muertos (su aspecto de misterio), y también con las realidades histórico-sociales, como la inserción en una determinada cultura, con el poder y la fragilidad propios de la condición humana, susceptible de incoherencias y de pecados (el aspecto sacramental). Indudablemente, la Iglesia total —misterio y sacramento, jerarquía y fieles— vive lo que el Credo profesa: es una, santa, católica y apostólica; pero estas realidades teológicas no están exentas de contradicción, dado que persisten las deficiencias morales de toda criatura humana y las limitaciones históricas. La trayectoria de la Iglesia en la cultura occidental, por ejemplo, define su actual perfil institucional. Cada una de las etapas históricas ha dejado sus propias huellas en el tejido social de la Iglesia: la cultura imperial romana, la feudal, la aristocrática, la capitalista, la moderna y la popular.

La cultura occidental ha estado siempre marcada por el logocentrismo y el individualismo de la tradición griega. Y, a pesar de que el cristianismo primitivo era profundamente comunitario, sin embargo, debido a la inculturación, se dejó impregnar de intimismo. Hasta el advenimiento de la república representativa (a partir de la Revolución Francesa), el mundo antiguo había sido, desde el punto de vista del ejercicio del poder, predominantemente autoritario y centralista. Y en la Iglesia, junto al espíritu democrático participativo —presente en casi todas las formas de vida religiosa—, coexiste también una forma centralizada de gobierno, cuya máxima expresión es la curia romana y la acumulación de poder en la figura del Papa, el cual apenas puede resistir el peso de las decisiones que le han sido atribuidas. Una descentralización y una mayor valoración de la colegialidad de los obispos y de las conferencias episcopales nacionales y continentales facilitarían la inculturación diferenciada del evangelio en las diversas regiones del mundo de hoy.

La liturgia oficial, por otra parte, se resiente fuertemente de la profunda tendencia occidental a apreciar más el espíritu que la materia, a sospechar del cuerpo y de sus pasiones y a un excesivo comedimiento en la expresión simbólica. En cambio, las culturas no occidentales, como las de Africa y de América Latina, valoran la totalidad humana, especialmente la corporalidad, la danza y la simbólica material, y no salen de su asombro cuando, en el proceso de evangelización, deben asimilar los rituales de los sacramentos y de la celebración eucarística. Muchas veces, ciertos colores y ciertos animales poseen sentidos literalmente opuestos a los que poseen en Occidente. Así, por ejemplo, en China, el color que expresa la alegría es el negro, que es el que debería usarse el día de Pascua, no en los funerales: y el dragón, que para los occidentales es expresión del maligno, significa para ellos la fuerza protectora celeste. Por eso, la imagen de Nuestra Señora aplastando la cabeza del dragón equivaldría, si no se explica suficientemente, a una afrenta de los valores más fundamentales de la cultura china.

Los grupos más conscientes de las culturas-testimonio de América Latina (mayas, aztecas, incas, quechuas, etc.) no olvidan lo que los colonizadores ibéricos, todos ellos cristianos, hicieron con las poblaciones indígenas. Lo que dice la comisión pontificia *Iustitia et Pax,* en su documento de 8 de noviembre de 1988 sobre «la Iglesia ante el racismo», es innegable: «La primera gran leva realizada por la colonización europea (en el Nuevo Mundo) vino acompañada, de hecho, de una destrucción masiva de las civilizaciones precolombinas y de un brutal sojuzgamiento de sus poblaciones. Aunque los grandes navegantes de los siglos XV y XVI estaban exentos de prejuicios racistas, los soldados y los comerciantes no eran igualmente respetuosos al respecto, sino que mataban para instalarse y para aprovecharse del trabajo de los ''indígenas'' y, posteriormente, de los negros, a quienes redujeron a la esclavitud, comenzando a elaborar una teoría racista para justificarse» (n. 3). Tales hechos, consumados en contra del espíritu del cristianismo, mancillaron la imagen de la Iglesia institucional, que, por otra parte, contó también con venerables figuras de misioneros y obispos que defendieron como nadie a los indígenas de los abusos de los colonizadores.

De manera general, podemos decir que, para la mentalidad moderna, la versión occidental del cristianismo no integra suficientemente la subjetividad humana, la afectividad, la corporalidad, la femineidad y determinados mecanismos, más abiertos y más ágiles, de participación en las decisiones referidas a los caminos de la fe en las diferentes situaciones de la vida. Los laicos podrían tener más voz; las mujeres podrían ser más valoradas en las instancias de opinión y de decisión; y el diálogo podría ser más amplio en todos los niveles de la vida eclesial. Entonces, la pretensión de la Iglesia de ser «especialista en humanidad» y la utopía de Jesús de que «todos vosotros sois hermanos y hermanas» (cfr. Mt 23,8) no sonarían a retórica, sino que serían la expresión de una práctica constante.

7
La necesidad de la Iglesia de ser evangelizada por las culturas

Lo que hemos afirmado en el capítulo anterior fundamenta la aseveración de Pablo VI de que «la Iglesia tiene siempre necesidad de ser evangelizada» (*Evangelii Nuntiandi*, n. 15). Pero ¿quién evangelizará a la Iglesia y, sobre todo, a su cúpula dirigente, la jerarquía?

En primer lugar, Puebla nos ofrece una inestimable pista al reconocer el potencial evangelizador de los *pobres,* que «interpelan constantemente a la Iglesia, llamándola a la conversión» (*Puebla,* n. 1147). Efectivamente, son los pobres los que más evangelizan hoy a los teólogos, a los sacerdotes, a los religiosos y a los obispos. Y evangelizan con lo que es propio de ellos y que tan perfectamente fue captado por todo el Antiguo Testamento: con su clamor contra la injusticia y en favor de la liberación; con la exigencia de solidaridad provocada por su miseria; con su voluntad de participación en orden a ser sujetos de su propia historia y de su comunidad eclesial. Ellos han ayudado a la jerarquía a hacer una «opción preferencial por los pobres». Pero, antes de que los obispos expresaran dicha opción evangélica, los propios pobres ya habían optado por la Iglesia. En efecto, la Iglesia (como globalidad institucional) hacía ya muchos años que constituía una fuerza sensible a sus clamores y ofrecía un espacio social (y a veces hasta físico) en el que podían asociarse y discutir sus problemas. Jamás debemos ol-

vidar que ellos, los pobres, son los destinatarios de la bienaventuranza de Jesús y de la esperanza que éste suscitó de un
mundo reconciliado con la justicia, signo del Reino en la historia. En medio de su miseria, los pobres todavía consiguen
vivir valores fundamentales de la utopía de Jesús: la solidaridad,
el compartir mutuo, la fraternidad, la paciencia histórica, la fe
en la Providencia y la esperanza contra toda esperanza. De estas
realidades vive la existencia cristiana. Y es esta vivencia de los
pobres la que evangeliza a la jerarquía y a todos aquellos cristianos que no han perdido la capacidad de observación y la
sensibilidad hacia los valores evangélicos.

En segundo lugar, además de los pobres, la Iglesia tiene
mucho que aprender —como nos dice el Vaticano II— de «*la
historia y evolución del género humano*» (*Gaudium et Spes*, n.
44). En todas las culturas hay elementos verdaderos y divinos,
fruto de la acción del Verbo y la actuación del Espíritu Santo.
En principio, la Iglesia siempre estuvo abierta a acoger tales
aportaciones. Pero también tuvo que luchar siempre con las
dificultades, debidas a su propia inculturación occidental, para
distinguir entre lo que es cultural y lo que es un dato irrenunciable de la revelación de Dios. Y aquí, por lo general, fue
siempre más prudente que osada, más fiel a su propia experiencia
que a la apertura necesaria a nuevos intentos de inculturación.

Evidentemente, la Iglesia (y en especial el magisterio or-
dinario) está en conflicto con la cultura moderna. Y, aunque es
verdad que en el nacimiento de ésta tuvo su influjo el ideario
cristiano (la autonomía de lo religioso frente a lo político, la
secularización, la dignidad de la persona humana, etc.), no
obstante, los movimientos emancipatorios de la modernidad tu-
vieron, coyunturalmente, que adoptar una postura crítica frente
a ciertos sectores de la jerarquía que, por razones históricas,
estaban claramente vinculados a los poderes del viejo orden
feudal y aristocrático, el cual, para defender sus privilegios,
marginaba y oprimía a las nuevas fuerzas emergentes. La idea
de la democracia (el poder, que viene del pueblo, es transmitido
a los representantes de éste y controlado por la ley) resulta
difícilmente asimilable en algunos sectores, que arguyen que la
verdad no es objeto de votación por mayoría. Ahora bien, en
la democracia no es de esto de lo que se trata, sino del ejercicio

participado y controlado del poder. Por supuesto que la verdad —y también la verdad del poder— no es objeto de votación por mayoría, porque posee su consistencia propia, con independencia de las opiniones mayoritarias o minoritarias de las personas: Jesús fue minoría y murió solo, aunque la verdad estaba con él y no con la mayoría de los sacerdotres y del pueblo.

Por otra parte, la «inflación» de la subjetividad moderna, la relativización de valores fundamentales (que abre camino a todo tipo de permisividad, dañando el derecho y la justicia) y la repugnancia a admitir una trascendencia verdadera que impida los absolutismos históricos —posiciones, todas ellas, sustentadas por la cultura moderna— nos permiten entender por qué el magisterio ha mantenido una distancia crítica frente a la modernidad.

Pero ello no justifica la actitud —que puede encontrarse en algunos sectores eclesiásticos más conservadores, cuyo máximo exponente es Lefebvre— de considerar el mundo como algo decadente e incómodo y ante el cual lo más apropiado es la desconfianza y la sospecha sistemáticas. Esto significaría falta de fe en la presencia de Dios en esta nuestra historia. La consecuencia de este pesimismo cultural conduce a proyectar una concepción de la Iglesia como la única poseedora de la verdad, incapaz de aprender de las verdades que el Espíritu suscita en los procesos humanos[26].

La cultura moderna, a pesar de su voluntad de poder, nos ha habituado a la crítica y al diálogo como modo de aprender de los otros y enriquecer la verdad humana y divina, así como a reconocer los propios errores y a aprender de ellos. Científicos y sabios modernos nos dan un verdadero ejemplo de humildad con su conciencia de que hay más ignorancia que conocimiento (también en teología), más desafíos por responder que certezas que defender a toda costa. Y este ejemplo debería ser imitado

---

26. Véanse los ensayos críticos del historiador católico J. DELUMEAU, «Quale Chiesa per far vivere il Vangelo?», en *ADISTA* de 25-27 de septiembre de 1989 (el original fue publicado en *Témoignage Chrétien* de 21-27 de agosto del mismo año): véanse también las pertinentes observaciones del teólogo español J.I. GONZALEZ FAUS, «El meollo de la involución eclesial»: *Razón y Fe* 1089/1090 (Julio/Agosto 1989), pp. 67-84.

por los teólogos y las instancias doctrinales de la Iglesia, que, si asumieran tal actitud, estarían en mejores condiciones de ser escuchados y aceptados por las personas sensatas de nuestra cultura (que, de este modo, se abrirían más fácilmente a la verdad liberadora del evangelio) que empeñándose arrogantemente en pretender enseñar a todo el mundo. El evangelio se manifiesta más en aquella actitud de humildad que en esta otra de prepotencia.

La modernidad democrática nos ha enseñado además la tolerancia, actitud fundamental para la evangelización. Ahora bien, la tolerancia no es la actitud de quien respeta al otro porque no consigue eliminarlo, sino la actitud de quien acoge gustosamente al otro porque se da cuenta de que necesita de él y de sus experiencias para entender mejor la verdad del mundo, del ser humano y de Dios. Si se hubiera dado este tipo de tolerancia en la evangelización de América Latina y en la evangelización de la inteligencia moderna, no habríamos incurrido, como cristianos, en tantos errores, condenando aquello que después tuvimos que incorporar como valores humanos y como exigencia del propio evangelio. Habría surgido la imagen de un cristianismo más «mestizo», en el caso latinoamericano, y con unas dimensiones más participativas y democráticas, en el caso de la cultura moderna.

Hay una diferencia abismal entre el *Syllabus* de Pío IX (1864), de un talante severamente condenatorio, y la *Gaudium et Spes* del Vaticano II, un siglo después (1968), con su perspectiva de diálogo y acogida de los buenos frutos de la cultura moderna, asentada en el trabajo, la ciencia y la técnica. En el intervalo transcurrido entre ambos documentos, hubo por parte de la Iglesia un innegable y muy necesario aprendizaje.

Finalmente, la Iglesia católico-romana puede ser evangelizada por las restantes *Iglesias cristianas* y por las otras *religiones* del mundo. Debido a su carácter de «misterio», la herencia de Jesús no puede expresarse totalmente en una única concreción histórico-social, por muy excelente que sea. Con la herencia de Jesús ocurre algo parecido a lo que ocurre con el evangelio: el evangelio es uno solo, y no es otra cosa que el propio Jesús; pero aparece formulado en cuatro escritos, llamados «evangelios», cada uno de los cuales lo dice todo, pero desde distintos intereses teológicos. Todos lamentamos las divisiones que se dan en la única Iglesia de Cristo y que dan origen a distintas Iglesias cristianas. Pero, a pesar de ello, cada Iglesia posee sus propios valores evangélicos que ayudan a enriquecer el fenómeno global del cristianismo en la historia. La Iglesia católico-romana tiene mucho que aprender de las Iglesias evangélicas en lo que se refiere al amor por la Palabra de Dios; o de las Iglesias ortodoxas en lo relativo a la liturgia y a la vida simbólica de la fe; o de las Iglesias pentecostales en lo tocante a la inculturación en la cultura popular y a la creatividad en la organización de los diversos servicios y ministerios.

Las religiones del mundo, especialmente las orientales (y sin entrar ahora en detalles), nos enseñan la mística como movimiento popular, la pasión por la trascendencia, la unión entre adoración y vida de trabajo y la búsqueda de integración del ser humano, con la presencia del misterio en todas las cosas.

El evangelio no comienza exclusivamente con el Jesús histórico. El Logos eterno y su Espíritu siempre han estado y siguen estando en acción en el mundo, haciendo fermentar las semillas del evangelio del Padre en la masa de la historia y en todo el proceso de la creación, que asciende hacia el Reino definitivo de la Trinidad. Sólo asociándose a este evangelio, «difuso» en todo el proceso histórico, podrá la Iglesia católico-romana evangelizarse y hacerse más auténticamente católica.

8
Desafíos a la evangelización
de las culturas
en América Latina

El problema fundamental consiste en aclarar la perspectiva desde la que deberá efectuarse la evangelización de las culturas en América Latina. Es aquí donde entra la óptica de la liberación, no por motivos ideológicos, sino como respuesta a los desafíos provenientes de la realidad oprimida del Continente y de otras partes del mundo.

1. La perspectiva de base: desde las culturas de los oprimidos y marginados

Aun viendo las cosas superficialmente, hemos de reconocer que, a escala mundial, los niveles de vida y de libertad son extremadamente precarios. Por un lado, existe una superabundancia de medios de vida, a costa, por otro lado, de la miseria casi absoluta de las grandes mayorías de la población del planeta. Por un lado, grandes procesos culturales van apareciendo aquí y allá; por otro, culturas enteras sienten sobre sí la amenaza de la destrucción o se ven sistemáticamente silenciadas: las culturas de las poblaciones pobres y privadas de los medios de manutención y promoción de la vida.

En este contexto adquiere su relevancia la perspectiva de la liberación. Para un cristiano, sea de la confesión que sea, la única alternativa responsable consiste en hacer de su fe motor de liberación y factor de crítica del orden imperante, que para muchos millones es perverso e inhumano. El meollo de la cuestión no está en salvar al cristianismo, sino en salvar a la humanidad y todos los ecosistemas, amenazados por un posible apocalipsis nuclear. No habrá un «arca de Noé» que salve a algunos de la muerte de la mayoría. A todos nos aguarda el mismo destino siniestro. Lo fundamental no es saber cómo y de qué manera puede el cristianismo adaptarse y responder a los desafíos universales, sino cómo puede ayudar, junto a otras fuerzas, a preservar el don sagrado de la vida. Y puede hacerlo si asume conscientemente una perspectiva liberacionista, en función del todo y no de sus intereses confesionales.

Planteado así el problema fundamental, se constata un desplazamiento del acento y los temas de la «agenda» teológica. Hoy más que nunca, es preciso elaborar una cosmología teológica. El gran misterio, después del de la Trinidad, es el misterio del mundo, condición de posibilidad de la autocomunicación divina, de la encarnación, de la venida del Espíritu Santo y de la historia de la salvación. Y cuando hablamos de «mundo», no pensamos únicamente en el conjunto de los seres creados, sino también en el conjunto de las relaciones sociales y políticas que se han ido estableciendo a lo largo de la historia. El mundo tiene un destino eterno: será él el que constituya el cuerpo de la Trinidad, en su dimensión cosmológica, personal e histórico-social. Y dentro del mundo se sitúa la Iglesia, cuya misión consiste en anticipar el fin positivo de la creación y ayudar a su concreción en todas las dimensiones. La liberación, pues, no habrá de ser pensada únicamente para los pobres, sino para todos, comenzando, eso sí, por los pobres y desde la perspectiva universalista de los pobres.

Si nos fijamos en la situación de América Latina, aparece, a grandes líneas, que tenemos cuatro grandes culturas: la cultura de la dominación, la del mimetismo, la de la resistencia y la de la liberación.

La *cultura de la dominación*, que caracteriza a toda América Latina, se manifiesta en la presencia en nuestro territorio de las potencias extranjeras, con una lengua, una ciencia, una tecnología, unas costumbres y unos valores inmportados e introducidos por la fuerza; incluso la forma de organización del cristianismo responde a la del cristianismo romano u occidental. La cultura de la dominación significa una violencia permanente, porque se sobrepone a las culturas autóctonas, obligándolas a reestructurarse y, en gran medida, a disolverse. El indio latinoamericano se siente extraño en su propia casa, en la que el conquistador entró por las ventanas, expulsando, agrediendo y asesinando a sus habitantes. La cultura dominante —cuyo centro se halla fuera de nuestro continente y que introdujo con algunos años de retraso sus variantes en todos los países de América Latina— tiene sus propios agentes foráneos, pero también tiene sus aliados internos que la asumen como propia.

Existe también la *cultura del mimetismo,* producida por las «élites» dirigentes, que no elaboran ningún tipo de cultura original, sino que imitan la cultura de otros; es decir, no crean, sino que imitan y adaptan su creatividad. La cultura de los grupos nacionales dominantes es una cultura consumista, hecha por quien es más espectador de la historia de los otros que sujeto de la propia historia y del propio pueblo, de los cuales se avergüenza.

Tanto la cultura de la dominación como la cultura del mimetismo son culturas alienadas, porque se encuentran desarraigas de la realidad social latinoamericana. Sin embargo, se mantienen porque han conseguido introyectarse en los dominados y, desde dentro de ellos, garantizar su sometimiento. La cultura dominante tiene su correspondiente (y es la razón de su dominación) en la cultura dominada, padecida por el pueblo. Gran parte de la cultura popular es reflejo de la cultura de las «élites», asumida por el pueblo a lo largo del proceso de dominación y de adaptación a la misma. Por eso es por lo que en la cultura popular hay muchos elementos antipopulares que deben ser siempre debidamente distinguidos de los elementos auténticos que traducen la vida y las luchas del pueblo.

Tenemos, en tercer lugar, la *cultura de resistencia* de los oprimidos, que no es otra cosa sino el esfuerzo de trabajadores explotados, negros, indios y mujeres por resistir a la estrategia de dominación de las clases dirigentes nacionales y transnacionales. Por lo general, la cultura de resistencia se caracteriza por una profunda ambigüedad: por una parte, conserva las características de la cultura de los dominados como forma de preservar su propia identidad y rehacer la esperanza y el sentido de la vida; en este sentido es auténtica, aun cuando tenga pocas probabilidades de un desarrollo autónomo. Por otra parte, la cultura de resistencia asume las características de la cultura dominante, dándoles, eso sí, otro significado, pero bajo la apariencia de adhesión y reproducción de la cultura dominante. De un modo particular, la cultura negra y el catolicismo popular, ambos ampliamente partícipes de la simbólica de la religión dominante (si bien con un contenido distinto), se manifiestan como religiones de resistencia.

Y, finalmente, tenemos la *cultura de liberación*, propia de aquellos grupos dominados que han tomado conciencia de su dominación, se organizan en movimientos para adquirir fuerza y están ensayando ya determinadas prácticas creadoras de libertad y de alternativas al orden dominante vigente. Por todas partes surgen en América Latina asociaciones de vecinos, sindicatos, comunidades religiosas y algunos partidos de extracción popular donde se detecta la irrupción de una cultura de liberación que tiene sus propios símbolos, sus cánticos, sus referencias históricas, sus mártires, su lenguaje y, sobre todo, su propia fuerza de organización. Es en este campo donde se elabora la originalidad de la cultura latinoamericana.

Si queremos evangelizar las culturas, debemos establecer muy claramente el punto de partida, que han de constituirlo las culturas de resistencia y de liberación, potenciando su fuerza y asumiendo una postura de crítica, denuncia y superación histórica de las culturas de dominación y de mimetismo. Las culturas alienadas de los grupos dominantes y miméticos sólo serán evangelizadas si dejan de ser lo que son; es decir, si se acaba con su carácter dominador. Esto es lo que significa la conversión evangélica de las culturas dominantes. Ahora bien, ¿qué quedará de ellas sin la dominación? Serán derribadas de sus tronos para encontrarse con las culturas del pueblo y, de este modo, poder ser solidarias con ellas. Las culturas dominantes, que incorporan los valores, los saberes y las técnicas de los centros de dominación extranjeros, deberán superar toda esta herencia en orden a la promoción del poder popular, para que éste adquiera impulso y vaya creando las condiciones necesarias para su hegemonía en el interior de cada país.

Por su parte, la evangelización que parte de las culturas dominadas (de resistencia y de liberación) deberá rescatar todo el potencial de transformación que éstas encierran, ayudar críticamente a la extroyección del «dominador» que también está activamente presente en ellas y asociarse a sus búsquedas y luchas; y la fe habrá de ofrecer también su aportación específica, en la medida en que se desentrañen las dimensiones sociales, políticas y escatológicas presentes en la práctica de Jesús. La liberación deberá ser siempre concreta, porque las opresiones también lo son. En este sentido, es preciso interpretar correctamente las afirmaciones consagradas de «liberación integral», que no pueden vaciar de concreción la práctica de los cristianos ni el sentido teologal de las liberaciones económicas, políticas y sociales conseguidas por el pueblo. Lo de «integral» apunta a garantizar la liberación como proceso abierto que abarca la totalidad de la persona y de la sociedad, así como la totalidad de los «actores» histórico-sociales.

El hecho de que la cultura lo abarque todo (cada una de las concreciones de la existencia personal y social) significa que todo debe responder a una preocupación evangelizadora. ¿Cómo asimilan la utopía evangélica las diversas culturas y subculturas? No debemos reducir la temática únicamente a los grandes bloques culturales (los pobres, los negros, los indios, los mestizos, las mujeres...). Es también muy importante captar la especificidad de cada subcultura, constituida por las características que grupos enteros de la sociedad confieren a su práctica. Así, por ejemplo, hay una cultura del trabajo, de la comunicación, de la intelectualidad, del mundo de la ciencia, de las artes, del ocio, de la juventud, del menor... Tales realidades, que integran el mundo de la cultura y de la sociedad, merecen un tratamiento particular en lo concerniente a la evangelización. En gran parte, las diversas pastorales sociales de las Iglesias se han ocupado, tanto teórica como prácticamente, de estos aspectos. No debemos perder de vista este esfuerzo a la hora de abordar la relación entre evangelización y culturas.

2. Desafíos concretos a la evangelización hoy

A continuación vamos a detallar algunos aspectos puntuales de mayor relevancia que constituyen un especial desafío en lo referente a la relación entre evangelio y culturas.

a) *A nivel universal*

Ya dijimos más arriba que, a escala mundial, el gran desafío actual lo constituye el futuro de la vida. En nuestros días, toda evangelización debe optar en favor de la vida y en contra de los mecanismos de muerte. Y hablamos de «vida» en su sentido más elemental: como permanencia y subsistencia del sistema de la vida, amenazada con sufrir un colapso colectivo. El problema fundamental no consiste en saber cómo y en qué medida asimilan las culturas el evangelio, sino en qué medida salvaguarda el evangelio a las culturas de la destrucción total. Parafraseando a Las Casas, podríamos decir: preferimos una cultura pagana, pero viva, a una cultura evangelizada, pero muerta. Asumir la causa de la vida y de los medios de vida, ayudar a desarrollar un sentido ecológico pleno, de amor, respeto y salvaguarda de todo tipo de vida (todo cuanto vive merece vivir), es ya hacer realidad el núcleo mismo del evangelio de aquel que dijo: «he venido a traer vida, y vida en abundancia» (cfr. Jn 10,10). Esta búsqueda de la vida se realiza como obediencia al evangelio, no como mero instinto de supervivencia. El cristianismo, a partir de sus motivaciones internas, deberá ofrecer su aportación propia ante este reto de preservar el sistema sagrado de la vida

b) *A nivel de América Latina*

Puebla nos legó un criterio fundamental para la evangelización, el cual se aplica con toda exactitud a América Latina: «La Iglesia ha ido adquiriendo una conciencia, cada vez más clara y profunda, de que la evangelización constituye su misión fundamental, y de que no es posible llevarla a cabo sin esforzarse permanentemente en conocer la realidad y adaptar el mensaje cristiano al hombre de hoy de una manera dinámica, atractiva y convincente» (*Puebla*, n. 85). La evangelización es fruto del encuentro entre el mensaje cristiano y los desafíos de la realidad; sin este diálogo, la evangelización no será más que imposición de un mensaje o simple alienación religiosa, por no enraizarse en la cultura.

Para la evangelización de nuestra conflictiva realidad, tal como fue analizada por *Puebla* (nn. 15-71), conviene considerar el fenómeno de la dependencia histórica del Continente, que dio origen a la opresión y, en contrapartida, también al ansia de autonomía y al proceso de liberación. El cristianismo puede ser un resorte liberador, del mismo modo que en la época colonial fue, predominantemente, un pilar de sustentación del orden imperante. Como, por otra parte, nuestro continente se caracteriza por la presencia en él de enormes franjas sociales de pobreza y marginación de negros, indios, mujeres y trabajadores, toda evangelización que no denuncie la injusticia histórica de esta situación y no se constituya, a partir de su propia instancia de fe, en potencial de movilización popular, liberación de los oprimidos y celebración de las luchas, difícilmente escapará a la acusación de complicidad con el orden impuesto por la dominación y de infidelidad al sueño de Jesús.

Especialmente para con los negros, las Iglesias tienen una deuda de justicia, porque, institucionalmente, ellas estuvieron más próximas a los palacios que a las chozas de los esclavos. Deberán, pues, reconocer la originalidad de la cultura negra y la legitimidad de sus religiones y acoger favorablemente el proceso de sincretismo que los negros llevaron a cabo como forma de resistencia y de aculturación del cristianismo dentro de los estrechos límites de la esclavitud. Y lo mismo puede decirse de las culturas-testimonio de los indios, a quienes debe reconocérseles su religión, la grandeza de sus culturas y el derecho que hoy les asiste a rehacerse biológicamente, a reanimar sus matrices culturales y a efectuar su propia asimilación de la modernidad y del mensaje cristiano.

Constituye un ingente desafío el descubrir cauces que permitan a los indios acceder al mensaje cristiano, desvinculado de los intereses culturales e institucionales con que siempre se ha revestido. La nueva evangelización podrá significar para algunos sectores de las Iglesias una opción radical: respetar profundamente la cultura y las religiones de los indios; apoyar las iniciativas y expresiones indígenas en orden a su relativa autonomía; favorecer todo cuanto pueda propiciar una recuperación demográfica de las razas indígenas. ¿En qué puede consistir la Buena Nueva para las culturas dominadas, aunque supervivientes, de los incas, los mayas, los aztecas, los quechuas o los tupis-guaraníes, si no es en la posibilidad de contar con el apoyo de sectores eclesiales para rescatar su identidad, incluida la religiosa?

Las Iglesias, como un todo, mantienen vínculos históricos con un tipo de presencia institucional que cuenta ya con quinientos años de historia, y sienten la responsabilidad de prolongar y mejorar esta presencia; consiguientemente, por más reformas y nuevas iniciativas que se introduzcan, todas ellas conservan el estigma de la conquista de las almas que tuvo lugar en el contexto del proyecto colonial. Lo cual no significa que deban dejar de evangelizar en el marco de esta realidad. Al contrario, es posible que ciertos sectores significativos de las Iglesias estén en condiciones de inaugurar una praxis nueva, solidaria y radical: la de caminar junto a los indios en la recuperación de su autonomía y reducir al mínimo, por el momento, una evangelización explícita, conscientes de que la Buena Nueva pasa por esa mediación primera (el evangelio de la solidaridad) como base indispensable para una evangelización explícita y verdaderamente liberadora. Es muy importante rescatar al pueblo indígena como tal pueblo, a fin de que, mediante la fe, pueda convertirse en pueblo de Dios. La resistencia de cinco siglos no debería haber sido en vano. Y las propias Iglesias son responsables de que este sufrimiento incalculable se ordene a la constitución del pueblo de Dios de la Amerindia.

b.1) A nivel económico: el trabajo

A este nivel, la evangelización debe partir (en la línea de la *Laborem Exercens* de Juan Pablo II) de una opción inequívoca en favor de la primacía del trabajo sobre el capital, porque éste siempre mantuvo a aquél sometido y dominado. Surge aquí el tema de los económicamente pobres, que en América Latina constituyen la inmensa mayoría. Existe el peligro de que —en nombre de un concepto más amplio y abarcante de «pobreza evangélica», que incluiría otras dimensiones además de la económica— quede diluida la realidad de los económica y realmente pobres. Por supuesto que la «pobreza evangélica» es un concepto polisémico; pero tal polisemia no debe hacer olvidar la escandalosa pobreza material que afecta directamente a la subsistencia biológica de las personas. Si no atacamos este tipo de pobreza directamente, en nombre de Jesús y de los apóstoles, como un desafío para la evangelización, entonces estaremos, en el fondo, escarneciendo a los pobres reales, porque estaremos ofreciéndoles una versión de la religión como «opio»; una religión verdaderamente cínica frente al grito desgarrado de los que carecen de todo.

No es casual el que Santiago, Cefas y Juan, las columnas de la comunidad primitiva, después de confirmar la ortodoxia del evangelio de Pablo a los paganos, encomendasen a éste el cuidado de los pobres, cosa que Pablo «procuró cumplir con toda solicitud» (cfr. Gal 2,10) desde el comienzo mismo de su misión. En un contexto de pobreza y de empobrecimiento progresivo, la evangelización deberá ser, en medio de otras fuerzas sociales, un factor de gestación de una sociedad que se base en el trabajo de todos, que privilegie el compartir y no la acumulación y que someta el proceso económico al control de la sociedad, antes que a las demandas del mercado.

b.2) A nivel político: la participación

América Latina pasó, del régimen colonial, al régimen de las «democraduras», es decir, a unos regímenes fuertes y dominados, bien sea por las «élites» nacionales aliadas con las transnacionales, bien sea por los militares, que han intervenido y siguen interviniendo en la política en nombre de los intereses de quienes detentan el capital. Las Iglesias, por su parte, se han mantenido un tanto al margen de este proceso, pero secundando, según lo acostumbrado, el orden establecido: un orden antipopular, excluyente y productor de desigualdad. El desafío para la evangelización consiste en promover la presencia de cristianos participativos que busquen la transformación de la sociedad para que, en el marco de unas nuevas relaciones sociales, genere más justicia, más integración de los grupos y mejores condiciones de vida para todos. Tales bienes no son únicamente logros políticos, sino bienes del Reino a los que, como tales, apunta directamente la evangelización. La democracia de cuño participativo y popular constituye para nosotros hoy la mediación histórico-social para la obtención de tales resultados, que la fe considera pertenecientes al proyecto evangélico.

b.3) A nivel simbólico: utopías de libertad

La dominación económica y política ha venido siempre acompañada de la dominación simbólico-cultural. Pues bien, la simbólica dominante ha sido la de las «élites» extranjeras, que siempre han hecho gala de un desprecio histórico hacia la cultura popular de los negros o de los indios. Las Iglesias que pretendan desarrollar una nueva evangelización en América Latina deberán optar decididamente por la cultura popular, por el universo de expresión de las culturas del silencio que hoy claman por su liberación. La cultura popular, que está rebosante de religión, conserva la memoria de las luchas ganadas por el pueblo y de las grandes utopías de libertad, que nunca han dejado de ser soñadas por los dominados. Una Iglesia será popular en la medida en que permita al pueblo expresarse simbólicamente, con su propio código, dentro del ámbito eclesial.

b.4) A nivel eclesial: Iglesia-comunidad

Hasta nuestros días, en Occidente tan sólo hemos conocido la versión oficial del cristianismo, fragmentado, eso sí, en diversas confesiones que, en parte, surgieron como protesta contra la centralización romana. Pero, al margen del cristianismo oficial, ha surgido también un cristianismo popular a través del cual —y aunque siempre ha estado bajo la sospecha de no preservar enteramente la ortodoxia— el pueblo, marginado en la sociedad y en las Iglesias, ha expresado su fe y ha alimentado su encuentro con Dios. Hoy se hace cada vez más hincapié en un cristianismo comunitario, que tiene en las comunidades cristianas de base su concreción más coherente. En esas comunidades, además de favorecerse la vivencia de la fe como impulso para la transformación de la vida, se produce el encuentro entre el evangelio y la realidad de injusticia, de donde nace el ansia de liberación.

La nueva evangelización latinoamericana ha de pasar necesariamente por este experimento de «eclesiogénesis», donde el propio pueblo, pobre y creyente, lleva adelante el proyecto del evangelio, que le permite ser Pueblo de Dios. De ahí habrá de surgir, ciertamente, un nuevo perfil de cristiano: un cristiano ecuménico, democrático y militante en favor de una nueva sociedad y, dentro de ella, de una nueva Iglesia.

b.5) A nivel personal: integralidad

La evangelización proyecta, además, la utopía personal de un hombre y una mujer nuevos. Lo que se busca, a ejemplo de Jesús de Nazaret, es una nueva integración del ser humano en torno a los valores de libertad, creatividad y relacionalidad. El ser humano es un nudo de relaciones que, prácticamente, se articulan en todas las direcciones. El cristianismo exacerba las capacidades de comunión, de referencia al otro y de libertad. En América Latina, el desafío consiste precisamente en esto: en vivir esta búsqueda de integralidad en solidaridad y comunión con la lucha de los oprimidos, a quienes se niega toda posibilidad de personalización. Debido a ello, la liberación personal sólo tendrá la debida altura evangélica si logra articularse con la liberación social. Allí donde se está y se vive, es preciso actualizar la utopía de lo nuevo, vivido de manera «seminal», como condición para que pueda proyectarse a toda la sociedad.

b.6) A nivel pedagógico: el diálogo

Finalmente, e informando todos los desafíos mencionados, se da un desafío pedagógico: ¿*cómo* hacer liberadora la evangelización? Este asunto es de capital importancia, porque el método pertenece al contenido mismo de la evangelización, como puede comprobarse en la praxis de Jesús y de los Apóstoles. Los primeros misioneros, que también sentían esta preocupación, utilizaban el teatro, la dramatización, la música y el aprendizaje directo de las lenguas indígenas para poder transmitir el mensaje evangélico.

Sin embargo, como ya hemos visto, no procedieron a dialogar con las culturas para facilitar la apropiación (un sincretismo auténtico) del evangelio por parte de los indígenas. La pedagogía estaba únicamente al servicio del contenido del mensaje cristiano, revestido con el ropaje occidental (los indígenas y los negros debían someterse a la circuncisión católico-romana). De ahí el escaso fruto de la evangelización y la queja constante de que los indios no aprendían nada o casi nada. Hoy sabemos que la pedagogía evangélica debe proceder de tal forma que implique en un mismo proceso al evangelizado y al evangelizador. Ambos deben evangelizarse mutuamente intercambiando sus experiencias religiosas, escuchándose el uno al otro, valorando las diferencias, reconociendo en el uno y en el otro la presencia del Verbo y del Espíritu, dándose cuenta de las respectivas limitaciones y concientizando la mutua misión de estar al servicio del mundo y del submundo (el evangelio se propone rescatar a la humanidad a partir de las víctimas de la historia).

La pedagogía que se ha desarrollado en América Latina en forma de «pedagogía del oprimido», de pedagogía como «praxis de libertad» y como arte de «trabajar con el pueblo»[27], en orden a su autonomía y a su capacitación para relacionarse libremente, vale de un modo especial para el proceso de evangelización a partir de las culturas oprimidas. Un ejemplo de cómo podría ser una evangelización desde la perspectiva pedagógica liberadora lo tenemos en el relato de las apariciones de la Virgen-Madre de Guadalupe al indio náhuatl (azteca) Juan Diego, como veremos más en detalle casi al final de estas páginas. Allí María se adapta totalmente al mundo cultural azteca, tanto en lo referente al idioma como en lo referente a los símbolos y al lenguaje religioso náhuatl. Desgraciadamente, las Iglesias no

---

27. Las dos primeras referencias responden a sendos títulos de obras del conocido pedagogo brasileño Paulo FREIRE; la última alude al libro de Clodovis BOFF, *Como trabalhar com o povo*, Ed. Vozes, Petrópolis 1987.

han aprendido hasta hoy esta lección, porque se han fijado casi exclusivamente en el carácter maravilloso de la aparición. Pero lo cierto es que ahí, ya en los albores de la evangelización, el propio cielo estaba ofreciendo el método más adecuado para lograr la síntesis entre evangelio y cultura indígena. En esta línea es como debemos trabajar hoy, porque sólo así podrá ser auténtica y liberadora la evangelización, penetrando en las matrices culturales.

Son muchos, como se ve, los desafíos que se le presentan a la nueva evangelización latinoamericana, la cual deberá significar la colaboración del evangelio en favor de la nueva sociedad que habrá de forjarse algún día con la ayuda decidida de todas las fuerzas históricas. Lo que Dios quiere y ama no es, ante todo, a la Iglesia, sino una nueva sociedad, dentro de la cual deberá situarse la nueva Iglesia.

II PARTE
Un contenido mínimo
para la nueva evangelización

En la primera parte de este ensayo hemos establecido las articulaciones fundamentales entre fe y cultura que deben regir en el marco latinoamericano. Ha sido una especie de «teología fundamental» de la misión tal como puede expresarse en nuestros días, con el nivel de conciencia teológica que hemos desarrollado y con el grado de concientización de los problemas sociales que se ha alcanzado entre los cristianos.

Lo que pretendemos ahora es determinar el contenido mínimo de esta nueva evangelización. Evidentemente, no se trata de esbozar una *minima catechetica*, es decir, un contenido mínimamente completo de lo que podría ser una evangelización de las culturas. Nuestro intento, bastante más modesto, podría resumirse en la siguiente pregunta: ¿cómo se concreta la doctrina sobre Dios, sobre Cristo y sobre el Espíritu Santo y cómo deberá ser la Iglesia en esta nueva evangelización? Y nuestro enfoque va a ser dialéctico: por un lado, queremos ver de qué manera la comprensión dogmática y oficial al respecto ayuda a iluminar el problema de la evangelización y de las culturas; por otro, pretendemos ver cómo los desafíos que hemos detectado e identificado analíticamente nos ayudan a iluminar y enriquecer nuestra comprensión dogmática y oficial. Finalmente, no quisiéramos dejar de tratar el problema de la *pedagogía*, que afecta a todos y cada uno de los temas en cuestión. No basta con reducir a una ecuación teológica el problema fe/culturas. Es fundamental ver también cómo se operativiza la evangelización. Lo cual no significa que nos hallemos ante un mero problema técnico, sino que es también cuestión de contenido, porque el método pertenece también al contenido de la evangelización.

Antes de entrar de lleno en el asunto, sin embargo, tratemos de captar la especificidad de la nueva evangelización en comparación con la primera y clásica evangelización que tuvo lugar en el Continente.

1
De una evangelización colonizadora a una evangelización liberadora

La primera evangelización de América Latina se realizó bajo el signo del sometimiento, dando lugar a un cristianismo colonizado, reproductor de los modelos religiosos de la metrópoli[1]. La nueva evangelización, en cambio, está realizándose bajo el signo de la liberación, capaz de dar lugar a un cristianismo típicamente latinoamericano (de cuño, a la vez, indígena, negro, mestizo, blanco y latino) e innovador desde el punto de vista de la estructura eclesial. Este cristianismo no suprime el primero, sino que lo integra... superándolo. ¿Dónde radica la diferencia entre la primera evangelización y la actualmente en curso?

La primera evangelización se produjo en el ámbito de la confluencia de dos fuerzas: la expansión de los intereses mercantilistas ibéricos, conjugada con el fortalecimiento de la imagen cristiana del mundo como *orbis christianus*. La colonización de América Latina, y del Brasil en particular, se hizo en función del enriquecimiento del estamento mercantil y de las coronas española y portuguesa; se producía lo que era indispensable, complementario y lucrativo para la economía de las respectivas metrópolis, para lo cual se recurría al trabajo forzado, a fin de

---

1. Cfr. J.M. de PAIVA, *Colonização e catequese,* São Paulo 1982, pp. 43-48; T. TODOROV, *A conquista da América. A questão do outro,* Martins Fontes, São Paulo 1988, pp. 3-13; G. GIRARDI, *La conquista de América. ¿Con qué derecho?,* DEI, San José de Costa Rica 1988, pp. 35-42.

lograr una acumulación mucho mayor. Ahora bien, ello requería
mano de obra abundante, cosa de la que no disponían ni Portugal
ni España. Fue entonces cuando se recurrió a la esclavización
del indígena y, fracasada ésta, a la del negro traído de Africa.
Junto con la conquista militar y económica de las tierras amerindias, se produjo la segunda conquista: la conquista cultural
y espiritual mediante la catequesis. El indio y el negro debían
ser asimilados al cristiano ibérico. Según la ideología dominante
en la época, el *orbis christianus* representaba el orden querido
por Dios en la tierra, el cual debía ser difundido a toda costa
por papas, reyes y príncipes. La bula *Inter Coetera,* del papa
Alejandro VI (1493), refleja perfectamente esta concepción,
presente en toda la evangelización latinoamericana: «Exáltense
y dilátense por doquier, sobre todo en nuestros días, la fe católica
y la religión cristiana, procúrese la salvación de las almas y
sométanse y sean reducidas a la fe las naciones bárbaras».

Fuera de este orden, lo que imperaba era la perversidad y
la desobediencia. Por eso, los moros debían ser sometidos, al
igual que los indios y los negros. El orden querido por Dios
constituía una totalidad política y religiosa. Evangelizar a los
nativos significaba introducirlos en el *orbis christianus,* es decir,
aportuguesarlos y españolizarlos. En términos teológico-pasto-
rales, la evangelización estaba unida a la circuncisión luso-
española. A través del confinamiento en aldeas y «reducciones»,
el indio era aportuguesado/españolizado (cristianizado) hasta el
punto de que, en palabras de Anchieta, «el indio ya no tenía
nada de indio»[2]; era todo menos indio; y esto quedaba simbo-
lizado en la pérdida del propio nombre y la imposición de un
nombre distinto por parte de los misioneros[3]. Totalmente de-
sarraigados de su cultura y del principal apoyo que sustenta a
todas las culturas primitivas —la religión—, el indio y, posteriormente —y de una manera sistemática y cruel—, el negro
fueron introducidos en la lógica del proyecto mercantilista para
servir de mano de obra barata, en régimen de servidumbre o de
esclavitud.

---

2. *Cartas dos primeiros jesuitas do Brasil,* São Paulo 1954, t. II, p. 82.
3. Id., *Ibidem,* t. III, p. 476.

La evangelización consistió en la indoctrinación de una fe ya codificada y acabada. No hubo, pues, ningún tipo de diálogo intercultural que diera origen a una posible versión nueva de la fe a partir de los instrumentos culturales indígenas y negros. La catequesis destruyó al otro en cuanto otro, pues le obligó a entrar en los usos y costumbres ibéricos. Una vez aculturados, los indios y los negros fueron sometidos a trabajos forzados, con lo que la evangelización se hizo colonizadora. La ideología del *orbis christianus* —único orden legítimo y posible a los ojos de Dios— unió a los mercaderes con los misioneros. El misionero aculturaba, mientras el mercader esclavizaba.

1. Teología subyacente a la evangelización colonizadora

¿Qué teología subyace a este modelo colonial? Cuatro puntos principales queremos someter a consideración:

a) *Identificación del Reino de Dios con la Iglesia.* Todo el designio salvífico de Dios quedó densificado en la Iglesia, sin cuya actuación no acontecía nada que fuera eternamente válido para la vida humana. De ahí el fervor de la pastoral salvacionista. Se trataba de bautizar al mayor número posible de personas para, de ese modo, garantizarles el cielo; de lo contrario, lo que les aguardaba era el infierno. En este contexto, la muerte de niños bautizados producía lógica alegría: «Aquéllos (los niños bautizados que morían) eran los que, de esta tierra, estaban destinados al cielo; y antes de que la malicia los mudase, se los llevaba el Señor»[4]. Los misioneros de la época difícilmente veían que, aparte de su inscripción religiosa en el cristianismo, pudieran darse otras expresiones del Reino de Dios en los cultos de los indios y los negros o en el espacio de la vida diaria de las personas.

b) *Identificación de la Iglesia con el mundo cristiano.* Iglesia y *orbis christianus* coincidían total y absolutamente; el poder religioso y el poder político se unían en la construcción de un

---

4. S. LEITE, *Novas cartas jesuíticas,* Rio de Janeiro 1940, p. 164.

mismo tipo de sociedad impregnada de la visión religiosa medieval. Ser cristiano suponía asumir la cultura cristianizada; fe y religión, evangelio y mundo, se identificaban. De ahí que se concibiera el proceso colonial como una empresa única, tanto comercial como misionera. Ambas cosas estaban al servicio del orden querido por Dios en la tierra, y ambas intentaban construir el Reino de los cielos en esta historia.

c) *Identificación del mundo cristiano con el mundo*. El único mundo válido era el mundo cristiano. Por eso era importante incorporar al mundo cristiano a todos los demás pueblos. Para los indios, escribía Anchieta, «no hay mejor predicación que la espada y la vara de hierro»[5]. Y no faltó quien viera el designio de la Providencia en el ansia de metales nobles por parte de los conquistadores, porque ello hizo posible el encuentro con los indios y su posterior conversión. Los propios indígenas esclavizados deberían considerarse afortunados por el hecho de que, gracias al bautismo, pertenecían al mundo cristiano y podían escapar a la condenación eterna[6]. Los atentados a la ética por parte de los bautizados portugueses y españoles se debían únicamente a la perversión personal, pero no podían ser considerados como expresión de la posible iniquidad del sistema cristiano, el cual, según la concepción de la época, estaba perfectamente sano y bendecido por Dios y, consiguientemente, era intocable.

d) *Identificación del otro y diferente como expresión diabólica*. El «otro», o era una manifestación del paraíso (la visión del paraíso motivó mucho a los primeros navegantes), y entonces se le aceptaba como inocente, o era considerado como expresión del anti-orden, cuyo agente productor oculto era el demonio, y entonces era rechazado. Hay una lucha sin cuartel entre el «pajé» (jefe espiritual de los indígenas, en Brasil: Nota del Trad.) y el misionero. El «pajé» (y su saber) es frecuentemente descalificado como falsificador de la verdad y agente del demonio[7].

---

5. J. de ANCHIETA, *Cartas, informações, fragmentos históricos e sermões do Pe. Joseph de Anchieta*, Rio de Janeiro 1933, p. 179.

6. J. HOEFFNER, *La ética colonial española del siglo de oro. Cristianismo y dignidad humana*, Madrid 1957, p. 176; cfr. D. RAMOS y otros, *La ética de la Conquista de América*, CSIC, Madrid 1984.

7. Véanse los textos en M. da NOBREGA, *Cartas do Brasil e mais*

Este proceso de identificaciones hizo que la sociedad ibérica y, dentro de ella, el cristianismo se presentaran como totalidades cerradas, intolerantes y autoritarias, porque se consideraban portadoras exclusivas de la salvación y de los criterios de bondad y maldad, de lo que agrada y lo que desagrada a Dios. Las condiciones sociales e ideológicas de la época apenas permitían recuperar —sin producir una crisis en el sistema— la relevancia de la doctrina tradicional acerca de la revelación universal de Dios y de las *semina Verbi* (las «semillas del Verbo») diseminadas en las culturas humanas. Tales elementos teológicos habrían permitido a los misioneros (como ocurrió con algunos de ellos, especialmente en México) un diálogo intercultural y la apertura a la gestación de una Iglesia amerindia, como, por otra parte, figuraba en los planes del viejo Bartolomé de Las Casas[8]. La evangelización se produjo, pero acompañada del sometimiento; por eso el cristianismo colonizado es profundamente contradictorio: por una parte, conserva y vehicula un discurso liberacionista, que es intrínseco a la Buena Nueva; pero, por otra, se halla desvinculado de una praxis cultural y política liberadora, porque su praxis es de sometimiento al marco colonizador y reproductor de sus instituciones sociales y religiosas. Ahora bien, conviene no perder de vista el hecho de que la evangelización colonizadora conserva una semilla liberadora[9] que algún día podrá ser desenterrada y seguir su propio curso en la historia.

escritos, Coimbra 1966, 9. 56; cfr. L.F. BAETA NEVES, *O combate dos soldados de Cristo na terra dos papagaios (colonialismo e repressão cultural)*, Rio de Janeiro 1978, pp. 93s.; J. SPECKER, *Die Missionsmethode in Spanisch-Amerika im 16. Jahrhundert*, Freiburg i.B. 1953, pp. 116-135; P. BORGES, *Métodos misionales en la cristianización de América. Siglo XVI*, Madrid 1960, pp. 250s.

8. Cfr. J.B. LESSEGUE, *La larga marcha de Las Casas*, CEP, Lima 1974, pp. 363s., 385s.

9. Véase E. DUSSEL, *Desintegración de la cristiandad colonial y liberación*, Ed. Sígueme, Salamanca 1978; P. RICHARD, *Morte das cristandades e nascimento da Igreja*, Ed. Paulinas, São Paulo 1982.

2. Teología subyacente
   a la evangelización liberadora

A nuestro modo de ver, el día de la evangelización liberadora ya llegó para América Latina y tuvo su expresión consciente y oficial en *La evangelización en el presente y en el futuro de América Latina* (documento de Puebla, 1979). La nueva evangelización, que incorpora todo cuanto se ha hecho en quinientos años de anuncio y vivencia del mensaje cristiano, procede, no obstante, a un discernimiento espiritual, en el sentido de tomar conciencia de las limitaciones y deformaciones padecidas por dicho mensaje en su vinculación al proyecto colonizador. Aquí tiene cabida, por consiguiente, la conversión, la ruptura con cierto tipo de pasado y con ciertos modelos mentales e institucionales de la Iglesia. En este sentido, es importante, finalmente, intentar una nueva evangelización bajo el signo del diálogo y el encuentro entre la fe y las culturas sometidas, las culturas-testimonio y las culturas nuevas, desde una perspectiva de liberación integral.

La Iglesia ya no podrá presentarse como una realidad perfectamente acabada y que «se implanta», sino como una realidad abierta y que debe construirse en contacto con la realidad contradictoria que se perfila en el Continente. La clave teológico-pastoral para este proceso de una nueva evangelización, gestadora de un nuevo modelo histórico de Iglesia, la suministró Puebla en su célebre número 85, donde se afirma que la evangelización se produce siempre en articulación con la realidad histórico-social.

En el mencionado encuentro, la realidad no es únicamente percibida, sino que es también analizada críticamente, a la vez que se descifran sus mecanismos productores de la división entre los pocos ricos y los muchos pobres. El hambre de Dios suscitada por la evangelización colonizadora, unida al hambre de pan que se constata actualmente, da origen a una evangelización liberadora. La inculturación del evangelio deberá producirse, según Puebla, «de una manera dinámica», es decir, no deberá consistir en la mera repetición de lo que ya fue dicho y enseñado, sino que deberá ser algo vital y flexible y que manifieste las capacidades humanizadoras de la propuesta cristiana; deberá ser «atrayente», es decir, deberá suponer una codificación adecuada a la mentalidad de nuestro tiempo y a la capacidad de comprensión de las mayorías no escolarizadas y empobrecidas; y deberá ser, por fin, «convincente», es decir, generadora de un sentido nuevo de vida, y esto sólo lo será si es, por una parte, profética frente a las opresiones históricas padecidas por el Continente y, por otra, liberadora y creadora de lo nuevo y lo alternativo, tomándolo del depósito de la fe.

En este proceso de evangelización no hay, por una parte, evangelizador y, por otra, evangelizado, como dos fracciones dentro de la Iglesia; ambos se evangelizan mutuamente, construyendo así una Iglesia-comunidad fraternal, toda ella ministerial, servidora y misionera. Lo que está produciéndose en América Latina, bajo el impulso del Espíritu, es una inmensa «eclesiogénesis»: la génesis de una Iglesia a partir del evangelio, que, confrontado con el mundo de la injusticia y la pobreza, manifiesta su fuerza liberadora. En las páginas que siguen vamos a ver sumariamente los criterios teológicos y eclesiológicos que presiden esta nueva evangelización liberadora.

2
El Dios Trino llega siempre antes que el misionero

El primer misionero y evangelizador es el propio Dios Trino. Si tuviéramos una idea correcta de Dios, representándonoslo siempre como comunión de las tres Personas divinas que invitan a la creación y a los seres humanos a participar en su comunión, entonces comprenderíamos fácilmente la presencia divina en la historia. Como muy bien decía Juan Pablo II a los obispos latinoamericanos en Puebla, «nuestro Dios, en su misterio más íntimo, no es una soledad, sino una familia»[10], con lo que el Papa quiso subrayar el carácter de *koinonía* que constituye la esencia del misterio trinitario[11]. El Dios cristiano es la comunión eterna y esencial entre las tres Personas divinas, comunión que desborda la vida intratrinitaria y se entrega a los seres humanos en la historia, haciéndoles buscar y vivir la comunión entre sí, en la familia y en la sociedad. Debemos ver, pues, las sociedades humanas, las relaciones sociales entre sus miembros y la búsqueda insaciable de participación, comunión y convivencia, como impulsos que la Santísima Trinidad infunde en la historia y que no son más que un pálido reflejo de su propia comunión

---

10. Homilía pronunciada en el seminario Palafoxiano de Puebla el día 28 de enero de 1979, recogida en el volumen sobre *A evangelização no presente e no futuro da América Latina*, Petrópolis 1979, p. 46.

11. Cfr. L. BOFF, *Trindade, sociedade e libertação*, Vozes, Petrópolis 1987, pp. 156-192. (Trad. cast.: *La Trinidad, la sociedad y la liberación*, Ed. Paulinas, Madrid 1987).

interna. Por supuesto que hay divisiones, luchas de clases y pecado, pero todo ello no prevalece sobre el dinamismo que impulsa en dirección a la sociabilidad y a la fraternidad.

El misionero, o es contemplativo y místico, o no es un misionero auténtico. El verdadero evangelizador cree firmemente en la presencia concreta de la Trinidad en cada pliegue del tejido de la historia, a pesar del deterioro que la perversión humana ocasiona a dicho tejido. En las formas altamente socializadas de vida de los aztecas, en los «mutirões» de los indios brasileños, en el sentido profundamente igualitario que impera entre la mayoría de las tribus indígenas del Brasil, el misionero discierne sacramentos de la comunión trinitaria y signos de la presencia del Padre, del Hijo y del Espíritu en el mundo. El misionero llega siempre tarde: antes que él ya ha llegado el Dios Trino, que está siempre revelándose en la conciencia, en la historia, en las sociedades, en los hechos y en el destino de los pueblos. Por eso decía el Vaticano II, hablando de la naturaleza misionera de la Iglesia, que «ésta recibe su origen de la misión del Hijo y de la misión del Espíritu Santo, conforme al designio de Dios Padre» (*Ad Gentes,* n. 2). La Iglesia posee, por tanto, un carácter eminentemente trinitario.

En América Latina, la nueva evangelización debe crear —como desea Puebla— comunión y participación a partir de las fuerzas de comunión y participación que la propia Trinidad ha suscitado en nuestras tradiciones y culturas[12]. No se trata de implantar modelos importados de fuera, sino de potenciar lo que la Trinidad y los hombres y mujeres han construido a través de los siglos. Una evangelización que no logre ofrecer su propia aportación al ingente proceso de gestación de una sociedad solidaria, estructurada sobre la participación, la igualdad, la diversidad y la comunión, no desempeñará su tarea teológica ni servirá al Dios Trino, que quiere ser reconocido y confesado en estas prácticas humanas.

---

12. Véase el texto del n. 212 del documento de *Puebla:* «Cristo nos revela que la vida divina es comunión trinitaria. Padre, Hijo y Espíritu viven, en perfecta intercomunión de amor, el misterio supremo de la unidad. De allí procede todo amor y toda otra comunión, para grandeza y dignidad de la existencia humana».

3
El Verbo eterno, encarnado y resucitado, actúa en todas las culturas

Dice san Juan que «el Verbo ilumina a toda persona que viene a este mundo» (Jn 1,9). Y ese Verbo eterno es revelación plena del Padre dentro y fuera del círculo trinitario. Toda la creación lleva su impronta, porque él constituye el arquetipo de todo ser creado (cfr. Jn 1,3; Col 1,16; Ef 1,22). Esta doctrina neotestamentaria dio origen, en los Padres de la Iglesia (Justino, Clemente de Alejandría y otros), a la doctrina de las «semina Verbi» (las «semillas del Verbo») esparcidas en todas las culturas[13]. Todo cuanto es verdadero, sabio, inteligente y productor de sentido y de luz tiene su último origen en el propio Hijo y Verbo eterno, como ha sido recogido en documentos recientes del Magisterio[14]. En el ámbito de la evangelización moderna, es menester recuperar todo el valor de esta tradición; es preciso valorar debidamente aquellas «semillas» que no han sido reconocidas ni se les ha permitido crecer y que se encuentran, por ejemplo, en la sabiduría maya, azteca, náhuatl, inca, tupi-guaraní, o en los libros sagrados de los indios

13. Cfr. S. JUSTINO, *I Apologia,* 46,1-4; *II Apologia,* 7,1-4; 13,3-4; CLEMENTE DE ALEJANDRIA, *Stromata* I, 19,91-94; VATICANO II, *Ad Gentes,* n. 11; *Lumen Gentium,* n. 17.
14. *Evangelii Nuntiandi,* n. 53; documento de Medellín *Pastoral popular,* n. 5.

centroamericanos[15]. Todas estas contribuciones de las distintas religiones deben ser consideradas como «brazos extendidos hacia el cielo» (*Evangelii Nuntiandi*, n. 53), como respuestas suscitadas por el Verbo a la propuesta de la Trinidad, porque todas ellas poseen un valor permanente, en la medida en que son «expresión viva del alma de inmensos grupos humanos» (*Evangelii Nuntiandi*, n. 53) y otras tantas formas de encuentro de las personas con Dios y de Dios con sus hijos e hijas.

En la perspectiva de la plenitud de la revelación acaecida en Jesucristo, todas ellas pueden y deben ser vistas, por tanto, como una especie de Antiguo Testamento. Y por estar habitadas por el Verbo eterno, contienen ya la sustancia del Nuevo Testamento (la unidad de la revelación, testimoniada por el Antiguo y el Nuevo Testamento). Debemos propiciar el que los indios y los negros hagan a su manera la experiencia bíblica. En este sentido, el Génesis, por ejemplo, es fruto del diálogo y la asimilación de los mitos medio-orientales de la creación por parte de la fe monoteísta judía. Los judíos no rechazaron lo que se encontraron, sino que filtraron todos los datos a la luz de la fe en un único Dios creador. Y algo parecido ocurrió con la literatura bíblica sapiencial de influencia egipcia y mesopotámica. Pues, del mismo modo, los indios y negros que se adhieren a las promesas de Cristo deben poder realizar su propia síntesis a partir de la fe y los elementos de sus respectivas culturas.

El cristianismo romano no es sino el resultado del encuentro de la fe bíblica con la cultura judía de la diáspora, con el helenismo, con la cultura romana, con ciertos elementos germánicos y con el pensamiento moderno. Así pues, es perfectamente legítimo auspiciar el surgimiento de un cristianismo latinoamericano a la vez amerindio, negro, mestizo y blanco. Esta síntesis sólo podrá darse a partir de una fe inconmensurable en la fuerza del Evangelio y desde la osadía de asumir las culturas-testimonio e impregnarlas del fermento cristiano. Por supuesto

---

15. Cfr. P. SUESS, «Questionamentos e perspectivas a partir da causa indígena», en *Inculturação e libertação*, Ed. Loyola, São Paulo 1986, pp. 160-175; Id., «Culturas indígenas e evangelização, en *REB* 41 (1981), pp. 211-249; R. NEBEL, *Altmexikanische Religion und christliche Botschaft. Mexico zwischen Quetzalcóatl und Christus*, Immensee 1983, pp. 309-368.

que se producirán purificaciones y rechazos, pero las matrices culturales incorporarán a su modo la revelación divina y, sin dejar de ser lo que son, habrán de adoptar una expresión que asuma, eleve y plenifique lo que ya había construido el propio Verbo juntamente con los hombres y mujeres pertenecientes a la cultura en cuestión. Las religiones no cristianas no constituyen realidades exteriores al cristianismo, sino que hay algo que las recorre a todas ellas y que actúa por doquier: el Verbo, que actúa tanto en ellas como en el cristianismo.

1. Tres dimensiones de la encarnación

Este Verbo eterno y universal se encarnó y se concretó en la realidad terrena de Jesús de Nazaret. El misterio de la encarnación[16] encierra, entre otras, tres dimensiones que conviene subrayar.

Hay una dimensión innegablemente *ontológica,* elaborada por el Concilio de Calcedonia (451): la naturaleza divina, mediante la persona del Verbo, se une a una naturaleza humana real, histórica, biológica y cultural, y esta humanidad de Jesús pertenece al propio Dios. Pero tal consideración prescinde de las determinaciones concretas, conflictivas y limitadas dentro de las cuales se realiza el misterio. Lo que desea subrayar es el hecho de que le es posible a la naturaleza humana convivir y estar radicalmente unida a la divinidad de una manera «inconfundible, inmutable, indivisible e inseparable» (términos del dogma cristológico de Calcedonia). En adelante, el destino de la naturaleza humana está definitivamente asegurado, porque comienza a pertenecer a la historia del propio Hijo eterno y, a través de él, de toda la Trinidad. Este hecho fundamental de nuestra fe fundamenta la llamada «ley de la encarnación». El Hijo lo asume todo, sin excluir nada (excepto el pecado —Hebr 4,15,—, que es una relación moral viciada).

Esta lógica divina inspira un comportamiento análogo a los cristianos, que, al hallarse frente al otro, deben asumirlo ínte-

---

16. Cfr. A. ANTONIAZZI, «Encarnação e salvação: status quaestionis», en *Inculturação e libertação,* op. cit., pp. 130-143.

gramente y permitir que, desde dentro de él mismo, florezca una síntesis entre el dato cultural y el mensaje cristiano. Del mismo modo que el Hijo, al asumir la condición humana, se conformó a ella, algo análogo debe ocurrir con la misión y la evangelización: hay que ser zapoteca con el zapoteca, tukano con el tukano, aymara con el aymara... A la luz del misterio de la encarnación, podemos afirmar que es posible que la cultura zapoteca o la cultura tukano conserven su propia identidad e incorporen el misterio cristiano «sin separación y sin confusión». En otras palabras: cada pueblo debe poder ser Pueblo de Dios sin tener que pasar por la mediación del primero que reconoció ser amado de Dios y, consiguientemente, constituido como Pueblo de Dios, el pueblo judeo-cristiano.

En segundo lugar, la encarnación nos permite captar la *transparencia* y, de este modo, superar la supuesta irreductibilidad entre trascendencia e inmanencia. Estas dos categorías, que son de origen griego, penetraron en la religión cristiana e hicieron que, a la hora de comprender la novedad cristiana, se corriera un doble riesgo: o el de la espiritualización o el de la secularización. Es decir, o se articula la fe a partir de la trascendencia —con lo que la inmanencia pierde su peso y el cristianismo resulta a-histórico, alienado de los procesos reales e irrelevante para la vida diaria—, o bien se articula a partir de la inmanencia —con lo que la trascendencia resulta superflua, y el cristianismo puede deslizarse hacia el secularismo y transformarse en un poder predominantemente religioso, pero con notable incidencia en lo político y en lo mundano. La encarnación nos enseña a considerar la trascendencia dentro de la inmanencia, de donde resulta la transparencia de la inmanencia y la historización de la trascendencia. La transparencia une ambas cosas sin destruir sus respectivas particularidades, a semejanza del modo en que las naturalezas divina y humana de Jesús están siempre unidas «sin confusión ni separación».

Circunscribiéndonos al tema que ahora estamos abordando, esto significa que la evangelización debe hacer transparente el mundo tocado por la fe. El precio de esta transparencia es la purificación y el acrisolamiento de cada uno de los datos, pero sin que se pierda ni sea sustituido ninguno de ellos. El indio no tiene por qué perder su sensibilidad indígena al abrazar el mensaje cristiano, sino que deberá sentirse aún más radicalmente indígena y experimentar la fe cristiana como una potenciación de su ser indígena. Por supuesto que este desafío parece utópico. Pero es hacia esta utopía hacia donde debe tender el camino del evangelio en la historia de cada pueblo.

Finalmente, el tercer elemento presente en el misterio de la encarnación es su expresión *histórico-social*. ¿Cómo vivió concretamente Jesús de Nazaret su filiación divina y bajo qué condiciones materiales y culturales organizó su praxis evangelizadora? Aquí es donde habrán de inspirarse los cristianos para realizar una auténtica evangelización. Y a este respecto queremos subrayar tan sólo unos cuantos puntos:

2. Jesús evangelizador, paradigma de toda praxis evangelizadora

El evangelio es siempre una realidad cargada de sentido vital y definitivo: la victoria del poder de Dios sobre la muerte y sobre los poderes malignos de este mundo y la plena integración de la creación en el plan de Dios (Reino de Dios)[17]. El evangelio es *«el anuncio de la salvación liberadora»*, en afortunada expresión de Pablo VI (*Evangelii Nuntiandi*, n. 8). En el evangelio, como se desprende de la praxis de Jesús, se da siempre el elemento de proclamación de una gran esperanza: «¡El Reino ya está entre vosotros! ¡El Reino de Dios está cerca!» (Lc 17,21; Mc 1,15). Evangelizar supone comunicar un mensaje que, a su vez, encierra una visión del mundo y, especialmente, una visión de su destino final, que, como ya vimos, implica la resurrección. Pero, junto con el mensaje, vienen los signos. Los signos son gestos transformadores de la realidad que evidencian que las promesas proclamadas no se quedan en el ámbito del deseo y de la esperanza, sino que se inician ya ahora y crean una nueva historia. Sin los signos, el mensaje no pasaría de ser pura teoría. Pero, si sólo se dan los signos y no se proclama el mensaje que

---

17. Cfr. J. STRIEDER, «Evangelização e Palavra de Deus», en *Evangelização no Brasil de hoje*, Ed. Loyola, São Paulo 1976, pp. 75-94.

los explica, entonces la evangelización corre el peligro de transformarse en un sistema de asistencia de las carencias humanas, las cuales nunca quedan completamente satisfechas. Los signos se ordenan a algo mucho mayor: mostrar que está en marcha, dentro de la historia, la realización del sentido último, el cual se anticipa y se muestra ya concretamente. Lo concreto, sin embargo, no es más que *signo* de lo que aún está por venir y que es mucho mayor. En Jesús encontramos siempre la unión entre la proclamación y los signos, entre el mensaje y la praxis.

a) *En su praxis, Jesús parte de la realidad del pueblo*

Ante todo, parte de la gran esperanza del pueblo de llegar a una solución global y definitiva de todos los problemas. Jesús sale a su encuentro con el mensaje del Reino de Dios, que representa la más alta utopía de toda su proclamación: una transformación radical de todas las relaciones que se dan dentro de la creación, de tal suerte que Dios muestra ser realmente señor, generador de vida y realización plena del ser humano, concretada en la resurrección. Después comienza atendiendo a las rupturas existenciales más sentidas y padecidas por el pueblo: las enfermedades, las discriminaciones por razón de los prejuicios religiosos, la esclavitud respecto del legalismo y la culpabilización de la vida en virtud de la religión ritualista.

La primera aparición pública de Jesús en la sinagoga de Nazaret (Lc 4,16-19) manifiesta esta inequívoca tendencia liberadora del mensaje de Jesús. Pero ¿cuál es hoy la gran esperanza del pueblo? El pueblo espera una nueva sociedad justa y participativa; el pueblo sabe, además, que esa realidad social sólo podrá venir acompañada de algo mucho mayor y que únicamente puede ser don de Dios: el nuevo cielo y la nueva tierra, el triunfo sobre la muerte, un ser humano renovado en su corazón y reconciliado con su origen y con su destino: Dios. Una evangelización que no recoja las esperanzas radicales del ser histórico de hoy, especialmente de los pobres, difícilmente significará continuidad y fidelidad a lo que dijo e hizo Jesús.

En segundo lugar, Jesús se muestra extraordinariamente atento a las rupturas existenciales, a los conflictos que afligen a las personas y que afectan al tejido social. Aquí se revela la importancia de las curaciones, de la solicitud para con los pobres y los pecadores públicos, de la defensa permanente de los marginados, de quienes socialmente no son nada. Para Jesús, el mundo no es de color de rosa ni extá exento de conflictos. Por eso no guarda las distancias ni se muestra insensible al drama humano, especialmente al de los impotentes, sino que se adentra en el conflicto del lado de los que padecen la coerción religiosa y la tiranía de la sociedad. La opción de Jesús por los pobres forma parte de su compromiso con el Padre y con el mensaje del Reino. No hay dolor que no le afecte ni grito de súplica que él desoiga.

Una evangelización que no sea liberadora de las angustias históricas (producidas por todo tipo de «distorsiones», tanto estructurales como personales y voluntarias), que no humanice la existencia, que no suavice la vida con la creación de una comunidad fraterna (comunidad mesiánica), difícilmente podrá apelar a la tradición jesuánica. Si Jesús no libera también *de* los males humanos en que se concreta nuestro pecado y *para* formas superiores de relaciones en lo social, en lo personal y hasta en lo divino, entonces no se trata del Jesús del testimonio evangélico, sino de un «fetiche» producido y manejado por los intereses de poder y dominación de las instituciones eclesiásticas.

Los evangelios evidencian que Jesús conocía la vida del pueblo: sabía cómo se siembra, cómo se administra una hacienda, cómo se comportan los parados en la plaza, cómo se hace el pan, cómo crecen juntos la cizaña y el trigo, cómo se celebran las fiestas, cómo son los conflictos familiares, cómo se entristece una viuda que pierde a su hijo único, cómo gritan y piden ayuda los marginados... De todo ello saca material para sus parábolas; de todo sabe extraer lecciones; y no se dedica a «moralizar», porque toma la realidad tal como es, con todas sus contradicciones. Sabe que en el ser humano hay egoísmo y cobardía, pero también sabe que ese mismo ser humano puede ser valeroso y fiel hasta la muerte.

Una evangelización que no aúne la fe y la vida real, que no sepa integrar en su discurso sobre Dios el pluriforme dramatismo de la existencia, acabará siendo alienante y haciéndose históricamente irrelevante; no tendrá casi nada que decir, porque no se toma en serio lo que para la vida es verdaderamente serio e importante.

b) *La visión contemplativa de Jesús*

Jesús no encuentra a Dios únicamente en los lugares en que suele hacerlo la religión (la oración, las Escrituras, el templo, la sinagoga, etc.), sino que posee una visión contemplativa de la realidad: el Padre impregna toda la existencia humana y todas las situaciones. Jesús contempla cómo crecen los lirios del campo y cómo vuelan en libertad las aves del cielo; sabe cómo se comporta la semilla arrojada en los diversos tipos de terreno; conoce los procesos de crecimiento de la higuera y de las vides... Pero en estas realidades seculares discierne la presencia del Reino y la actuación de la Providencia divina. Por eso puede decir con toda razón: «Mi Padre trabaja siempre, y yo también trabajo» (Jn 5,17). Dicho de otro modo: sabe percibir en todas las cosas, no sólo en la Ley y en los Profetas, la realización o la negación de la voluntad de Dios.

Una evangelización que no genere mística en el pueblo, que no se transforme en elemento cultural hasta el punto de hacer entrar a Dios en los esquemas de interpretación de la realidad, no habrá realizado plenamente su misión. Hemos de admitir que la primera evangelización, realizada bajo el signo del sometimiento, prolongó la religiosidad existente y consiguió introyectar en la mentalidad del pueblo una profunda noción del Dios-Providencia, de la presencia de Dios en los sufrimientos, de la protección de la Virgen María y del acompañamiento e intercesión de los Santos. Pero le faltó realizar la unión entre mística y política, entre oración y búsqueda ética de la justicia.

c) *Los pobres como primeros destinatarios*

Jesús jamás restringe el ámbito de validez de su mensaje, el cual apunta al destino humano histórico y escatológico. Sin embargo, comienza siempre por los concretamente pobres y carentes de todo[18]. Sólo a partir de ellos conserva el mensaje su universalidad real; si los dejara de lado y se dirigiera a las «élites» religiosas o sociales, se estaría particularizando. Ante los que sufren, nadie puede permanecer indiferente. Por eso son portadores de causas universales: vida para todos, justicia para todos, derechos para todos...

La opción de Jesús por los pobres supone la contestación de la pobreza y la exaltación de la eminente dignidad de la persona del pobre; por eso la opción por los pobres es una expresión de la liberación, tanto de la pobreza como de la riqueza, y una exigencia de la justicia que ha de ser instaurada por el Mesías y sus seguidores. Sólo desde los pobres se percibe el mensaje de Jesús como Buena Nueva, porque implica la superación de la debilidad y el desamparo en que los pobres han sido dejados. La propuesta mesiánica de Jesús comporta un ideal de sociedad fraterna, igualitaria y libre como signo del Reino ya presente en la historia.

Una evangelización que no implique directamente a los pobres y no reafirme en ellos la esperanza de una sociedad nueva y alternativa; una evangelización que no asuma la causa de los pobres, sus luchas y su existencia, será una evangelización que perderá densidad cristiana y traicionará al Jesús histórico, que fue un hombre pobre en este mundo y que se identificó con los pobres, a los que puso como lugar-tenientes suyos en el momento crucial de la historia, en la hora del juicio definitivo sobre el destino eterno de las personas y de la creación.

En la perspectiva de Mateo, los pobres no son únicamente los destinatarios, sino también el contenido mismo de la Buena Nueva de Jesús[19]. El pobre, por ser pobre y no por ser bueno, es objeto del amor del Padre y de la opción de Jesús. Dios —como Dios de la vida— y Jesús —como el portador de vida, y vida en abundancia (cfr. Jn 10,10)— se inclinan hacia el pobre, que carece precisamente de vida, en virtud de una exigencia de

18. Cfr. J. PIXLEY y Cl. BOFF, *Opção pelos pobres,* Ed. Vozes, Petrópolis 1986, pp. 73-87.
19. Cfr. V. ARRAYA, *El Dios de los pobres,* DEI, San José de Costa Rica 1984.

la propia naturaleza divina. Es en el pobre donde percibimos la naturaleza de Dios, el cual no es un Ser desligado de nuestras miserias, sino un Dios que escucha el grito del oprimido, un Dios que actúa en la historia construyendo su Reino para los hombres y las mujeres en libertad. Ninguna forma de evangelización deberá prescindir de esta perspectiva si no quiere prescindir del propio Dios y del Señor Jesús, que se presentó en forma de Siervo doliente en medio de los pobres.

d) *Resolución de las situaciones dramáticas*

La *bondad* de la Buena Nueva de Jesús se manifiesta en su capacidad para generar sentido allí donde la existencia parece haber fracasado. Siempre que se enfrenta a una determinada situación, Jesús la hace estallar desde dentro, sin limitarse a adoptar las mediocres soluciones prescritas por la ley o por la tradición. Lo que hace Jesús es sorprender, apelando a las energías más generosas del ser humano, como se ve con toda claridad en el Sermón del Monte. No se limita a atender a un necesitado y responder a sus expectativas. Sí es verdad que le devuelve la salud, pero también solicita de él la fe y el seguimiento. Sí es cierto que le perdona sus pecados, pero también le dice: «¡anda, y no vuelvas a pecar!» El evangelio es ciertamente una propuesta; no todo vale para Jesús; hay una serie de contenidos concretos acerca del Padre, del Reino, de la necesaria adhesión al Enviado del Padre, del amor y la misericordia sin límites. Pero es también una atmósfera de liberación, de alivio y de afecto que se produce al contacto con Jesús. Hay, por tanto, un acrecentamiento de sentido de la vida, de esperanza existencial y de apertura al infinito que se deriva de la praxis y las palabras de Jesús.

Jesús se presenta como un gran narrador de historias cuyo sentido se trasluce en los propios términos de la narración, creándose siempre, como dicen los lingüistas, una «disclosure situation» (Robinson), una resolución de los dramas, una luz que irrumpe de manera sorprendente y que confiere un nuevo aliento a la existencia. A través de estas mediaciones se manifiesta la salvación y redención que va realizando Dios en el corazón mismo de la realidad.

Una evangelización que no conlleve una mayor potenciación de la vida, que no alivie a las mentalidades de los miedos existenciales, que no conduzca a estructuras sociales de mayor colaboración y, consiguientemente, de mayor humanización, difícilmente prolongará y actualizará la Buena Nueva de Jesús.

e) *También el método pertenece al contenido evangelizador*

No sólo los contenidos concretos y la atmósfera son los componentes del evangelio. También lo es la pedagogía de Jesús, es decir, la manera en que él articulaba su propuesta y organizaba su praxis. Jesús establece una estructura dialogal; jamás se muestra impositivo, como el legalista o el moralista, que se basan en la autoridad estructural, sino que aprovecha los conocimientos de que disponen sus oyentes. Jamás utiliza el poder como mediación para la divulgación del Reino y su mensaje, sino que privilegia la persuasión, la argumentación a partir del sentido común y de las necesidades y exigencias más profundas del ser. El testimonio de la propia vida, transparente y entregada a los demás hasta el punto de no tener tiempo para comer ni para dormir, el denuedo en denunciar las falsificaciones religiosas y la arrogancia de quienes detentan el poder religioso, la forma respetuosa y tierna de tratar a los afligidos por la vida... constituyen otros tantos elementos evangélicos y datos realmente sugerentes para el seguimiento de Jesús. Su manera de hacer frente a las tentaciones y a los conflictos con sus adversarios ideológicos, como son los fariseos, y la inminencia de una muerte violenta resultan paradigmáticas para los cristianos.

La evangelización, en nuestros días, debe orientarse por estas referencias metodológicas de Jesús, que forman parte del misterio de la encarnación. Los cristianos deben renunciar definitivamente a utilizar el poder político y cultural para hacerse valer e imponerse a los demás, porque estas estrategias no demuestran confianza en la fuerza intrínseca del evangelio. Parecería más bien que éste no es verdadero por sí mismo, sino en virtud de la imposición desde fuera de quienes detentan el poder de encuadrar y someter los cuerpos y las mentes.

Actualmente hay formas muy sutiles de perpetuar la estrategia del poder como instrumento de divulgación del evangelio; nos referimos a todos esos movimientos vinculados a las clases dominantes, a esos nuevos sujetos sociales transnacionalizados que reproducen el sistema de dominación y marginación de las grandes mayorías. Por lo general, son progresistas desde el punto de vista de la asimilación de las modernas técnicas de eficacia, pero conservadores desde el punto de vista del proyecto político, pues siguen confiando, a la hora de abordar los graves problemas sociales, en la vieja alianza de la institución eclesiástica con los centros de poder decisorio de nuestras sociedades liberal-burguesas. Podrán hacer mucho en favor del pueblo y de los pobres, pero jamás lo harán *con* el pueblo y *junto a* los pobres, desde la perspectiva de los oprimidos. De hecho, acaban eternizando las relaciones de dependencia e impidiendo que los empobrecidos lleguen a ser sujetos de su propia historia.

3. La conflicitividad inherente al proceso de evangelización

Junto a la evangelización efectuada por Jesús de Nazaret aparece siempre un elemento de conflictividad[20], la cual es inherente al anuncio de la Buena Nueva y a la praxis del Reino de Dios. Si la evangelización, como hemos visto, supone la asunción de lo otro (elemento afirmativo), también supone su redención (elemento crítico). Ahora bien, la asunción no legitima aquello que asume, sino que lo confronta con las exigencias del Reino, de la utopía divina. Y ahí, tanto la Iglesia como cualquier otra concreción religiosa descubren su insuficiencia al verse convocadas a la superación de lo ya dado y hecho, en aras de lo que aún está por hacer y debe ser transformado. Estamos hablando de la conversión como realidad permanente, tanto para los que son cristianos como para los que no lo son. Pero la conversión no significa conversión a la Iglesia o a una deter-

---

20. Cfr. C. BRAVO GALLARDO, *Jesús, hombre en conflicto*, CRT, México 1986, esp. pp. 217s. (El mismo libro está editado en España por Ed. Sal Terrae con la misma fecha).

minada expresión del evangelio. Desde luego, no significa eso en primer lugar, porque, si así fuera, el encuentro se realizaría sobre el presupuesto del despojamiento de sí y de la incorporación cultural del cristianismo vigente de tipo europeo[21]. Y tal procedimiento implicaría sometimiento, no conversión, que es lo que mayoritariamente ha ocurrido en América Latina.

Cuando decimos que la conversión es permanente, queremos decir que significa un proceso del que la Iglesia jamás podrá dispensarse so pretexto de haber ya aceptado al Señor y haberlo expresado mediante el bautismo y la incorporación a la comunidad. La Iglesia debe siempre convertirse a su Señor, a la utopía mesiánica; y convertirse también a los otros como se convirtió el Hijo de Dios, a saber, volviéndose al mundo e introduciéndose en él. Pero es fácilmente verificable que, en la historia, todos manifiestan una especial resistencia a cualquier superación, a negarse dialécticamente a sí mismos para poder incorporar nuevos elementos y mantenerse abiertos a Dios y a lo nuevo que emerge en la historia como irrupción del propio Espíritu. Conocemos la tragedia del judaísmo bíblico, que se resistió al Mesías y se cerró en sus propias esperanzas; y reconocemos también que el catolicismo romano se resistió a la llamada de las grandes culturas, especialmente de Oriente, y hasta hoy no ha sabido penetrarlas de una manera creadora.

Esta conflictividad, como ya indicamos, es estructural, pertenece a todo proceso auténtico de evangelización y afecta tanto al evangelizador como al evangelizado. La estrategia misionera correcta consistiría en que el misionero se convirtiera al indígena o al negro, y éstos a Cristo. Y a partir de la adhesión a Cristo harían su propio recorrido. Lo que de ahí resultaría sería, pues, una comunidad eclesial —una Iglesia— indígena (tupi-guaraní, azteca, negra...) que sería también expresión de la Iglesia *Católica,* uno de los muchos rostros posibles de la Iglesia de Cristo

---

21. Cfr. J. COMBLIN, *Teología de la misión. La evangelización,* Buenos Aires 1974, pp. 97-103.

y del Espíritu en la historia. Si en nuestros días se mantuviera permanentemente este proceso de conversión al Evangelio, a lo otro, a Cristo y a las nuevas formas de realización del misterio cristiano, toda auténtica evangelización superaría la mera expansión del sistema eclesiástico y evitaría la imposición de una nueva «circuncisión» de cuño occidental y romanizado.

4
El Espíritu Santo:
la fantasía divina
en las culturas

El cristomonismo (cristocracia; concentración de todo el misterio cristiano en Cristo) es en parte responsable de la incapacidad de los misioneros para ver en las demás religiones otros tantos caminos ordinarios de las respectivas culturas hacia Dios. A Cristo debe unírsele siempre la lectura a partir del Pneuma, porque, como muy bien dice el decreo *Ad Gentes* del Vaticano II, «ambos (el Señor Jesús y el Espíritu Santo) están siempre y en todas partes unidos en la realización de la redención» (n. 4). El Espíritu, a semejanza del Verbo eterno y preexistente, está siempre presente en la historia e impulsando los dinamismos de vida y de crecimiento. Es el Espíritu el que abre a la Iglesia a nuevas fronteras misioneras. Vamos, pues, a considerar algunos elementos de la pneumatología (entre otros que no podemos abordar aquí) capaces de orientarnos en la búsqueda de una nueva evangelización liberadora[22].

---

22. Véase a este respecto J. COMBLIN, *O Espírito Santo e sua missão*, Ed. Paulinas, São Paulo 1984; Id. *O Espírito Santo* (colección «Teología e Libertação»), Ed. Vozes, Petrópolis 1982; Id. *O tempo da ação. Ensaio sobre o Espírito Santo e a história,* Ed. Vozes, Petrópolis 1982. Véase también la obra ya clásica de Y.-M. CONGAR, *El Espíritu Santo*, Ed. Herder, Barcelona 1983.

1. El Espíritu es el principio de la trascendencia viva

Con esta afirmación queremos expresar el siguiente fenómeno: todas las culturas mantienen una referencia explícita o implícita a la trascendencia. La historia no se resuelve a sí misma, ni el misterio humano encuentra en sí mismo las razones convincentes del vivir. Hay siempre una apelación al Infinito y una persistencia de la pregunta última, que es tematizada por las religiones. El Espíritu se revela en esta dimensión imperecedera del ser humano: su profundidad oceánica, su deseo infinito de comunión y vida eterna. La persistencia de las religiones todavía hoy testimonia la presencia del Espíritu en las diversas culturas.

2. El Espíritu instaura la ruptura institucional e introduce lo nuevo

Toda institución, incluida la eclesial y eclesiástica, tiende a conformarse y organizarse en términos de poder institucional. Cuanto más predomina la organización, tanto mayor es el peligro de rigidez y entumecimiento del organismo. El Espíritu se manifiesta en la emergencia de lo nuevo, en los procesos de ruptura institucional. Entonces surge el elemento sorpresa, que origina nueva esperanza y confiere un nuevo sentido a las instituciones.

A la luz de una consideración pneumática, la Iglesia no puede verse a sí misma como una realidad perfectamente acabada y edificada de una vez por todas. Mientras haya culturas (o segmentos de las mismas) que no se hayan confrontado con el evangelio y no hayan hecho su propia experiencia cristiana, no puede decirse que se haya llevado a término la misión evangelizadora. La resistencia al Espíritu en relación a nuevas expresiones culturales del mensaje cristiano tal vez constituya el mayor pecado histórico del catolicismo romano, que tiende —al menos entre importantes sectores de sus miembros— a considerarse como la realización plena de la voluntad de Cristo y la concreción de los más elevados ideales humanos; y esta actitud genera, además de una enorme arrogancia triunfalista, una total incapacidad para percibir las posibilidades de encarnación y las virtualidades de historización en las múltiples culturas del mundo. El catolicismo, pues, aparece como una producción de Occidente que, dentro de la historia mundial, es vista cada vez más como un fenómeno regional.

3. El Espíritu es el principio de actualización/traducción del mensaje de Jesús

El Vaticano II formuló con audacia la «ley de toda evangelización: adaptar el evangelio, en lo posible, a la capacidad de todos y a las exigencias de los sabios» (*Gaudium et Spes*, n. 44). El Espíritu, teológicamente hablando, constituye la potencia creadora de nuevos significados y diferentes métodos de acercamiento entre la cultura y el mensaje cristiano. La misión del Espíritu complementa la de Jesús: «él recibirá de lo mío y os lo comunicará a vosotros» (Jn 16,14); «él os recordará todo lo que yo os he dicho» (Jn 14,26); «él os guiará hasta la verdad completa» (Jn 16,13). La verdad plena de Jesús se manifiesta en las diversas traducciones de que es objeto en las diferentes expresiones culturales. Es el Espíritu el que impide que el mensaje evangélico quede circunscrito al «en aquel tiempo...», permitiéndole mostrar en nuestro tiempo nuevas posibilidades de significación humana y divina.

Reducir el evangelio a una única expresión válida es tanto como condenarse a la mediocridad y adaptar el misterio a las dimensiones de nuestro cerebro, lo cual implica la negativa a acoger las obras que Dios ha realizado entre los pueblos, impidiendo que éstas lleguen a una plenitud más expresiva en contacto con el misterio cristiano. Lo que el Espíritu hizo en Pentecostés no fue que todos hablasen la misma lengua, sino que cada cual oyese en su propio idioma el mismo mensaje de salvación (cfr. Hech 2,11). En América Latina, Cristo no ha sido aún adecuadamente escuchado en los centenares de lenguas de nuestras diferentes culturas indígenas. Ahora bien, no basta con que se le escuche en las diversas lenguas; es preciso, además, que su significado propio se exprese en los más variados discursos y teologías.

4. El Espíritu como principio de liberación de los oprimidos

Jesús actuó siempre potenciando la libertad. «Donde está el Espíritu del Señor, allí está la libertad» (2 Cor 3,17). Esta libertad es un don del Espíritu para quienes luchan contra cualquier tipo de opresión. Por eso es visto el Espíritu como el «Pater pauperum», el padre de los pobres y oprimidos que padecen la servidumbre y anhelan la libertad. Es el Espíritu quien confiere la fuerza para resistir y sobrevivir y el coraje necesario para la liberación; quien rompe las cadenas; quien suscita en los empobrecidos la creatividad para abrir nuevos caminos... El Espíritu «dirige el curso de la historia... renueva la faz de la tierra y está presente en la evolución humana» (Pablo VI, *Octogesima Adveniens*, n. 37). El apóstol Pablo veía en el Espíritu una fuerza que liberaba del régimen de la circuncisión y garantizaba el acceso directo a Cristo (cfr. Gal 4,6-7; 5,22-25).

¿No deberíamos ver hoy la actuación del Espíritu en todos aquellos evangelizadores que tratan de recuperar la novedad evangélica y liberarla de la sumisión a una romanidad mal entendida y que funciona como un trasunto de la antigua circuncisión? La veracidad de la nueva evangelización se medirá por la capacidad que demuestre para liberar eficazmente a los oprimidos y dar origen a una Iglesia amerindia o afro-latinoamericana que permita una humanización más profunda de quienes en dicha Iglesia viven su fe.

El Espíritu es la fantasía divina, que no se deja encerrar. El Espíritu es la movilidad de la Iglesia, su desinstalación permanente, el elemento desasosegador que la impulsa a recorrer siempre de nuevo los caminos de los diversos pueblos[23].

---

23. Cfr. L. BOFF, «A Igreja, sacramento do Espírito Santo», en (VV.AA.) *O Espírito Santo. Pessoa, presença, atuação*, Ed. Vozes, Petrópolis 1973, pp. 108-125.

5
Hacia una Iglesia
de rasgos mestizos

Antes de considerar el modelo de Iglesia que debe brotar de
la nueva evangelización, conviene recordar lo que postula la
Evangelii Nuntiandi de Pablo VI (1975): «La Iglesia siempre
tiene necesidad de ser evangelizada»; «la Iglesia comienza por
evangelizarse a sí misma» (n. 15). Ya en la primera parte de
este ensayo nos referíamos a este imperativo, que es de fundamental importancia, porque la institución no suele hacer tal
tipo de discurso ni acostumbra a tomárselo en serio. Pero las
ambigüedades históricas en este punto han sido tantas, especialmente en la primera evangelización de América Latina, que
el precepto de Pablo VI se impone aunque no sea más que por
sentido común. Hemos visto que la Iglesia debe ser evangelizada
por los propios cristianos mediante el ejercicio de la profecía
dentro del ámbito eclesial y la asunción de la creatividad per-
mitida por el evangelio, haciendo a la comunidad, al mismo
tiempo, más participativa e igualitaria. La Iglesia debe, además,
dejarse evangelizar por la sociedad actual (*Gaudium et Spes*, n.
44), como ya hemos visto con algún detalle; debe volver a
aprender el evangelio a partir de los pobres (*Puebla*, n. 1147)
y debe, finalmente, ser evangelizada por aquellos a quienes ella
pretende evangelizar: en nuestro caso, los negros, los indios,
las mujeres y las culturas presentes en nuestro continente, pues
todos ellos, por obra y gracia del misterio, son también media-
dores del evangelio de Dios.

1. Evangelizar para crear comunidades de fe

La primera evangelización respondía a una preocupación profundamente «salvacionista». Se trataba de evangelizar para salvar a las almas, que fuera de la Iglesia no tenían salvación posible. Evidentemente, los cristianos se interesan por la salvación de todo el mundo. Pero entendemos que esta salvación es un don que Dios ofrece permanentemente a todas las personas a través de incontables mediaciones histórico-culturales. En este sentido, la oferta de la salvación está asegurada para todos. La función de las Iglesias consiste en sacramentalizar la salvación en la historia, es decir, en hacerse signos e instrumentos conscientes de su verificación, especialmente entre los pobres y los marginados. Concretamente, la evangelización pretende proponer el mensaje cristiano y provocar la adhesión personal de los individuos, que han de expresar su fe en comunidad. Es entonces cuando se realiza la Iglesia.

La definición real de Iglesia más correcta es aquella que la entiende como *comunidad de fe,* es decir, como comunidad que se forma a partir de la fe en Dios, que envió a su Hijo para plenificarnos humanamente y redimirnos de nuestras perversiones con la fuerza del Espíritu de vida y de libertad. La evangelización no se dirige a la persona considerada individualmente, sino a la persona como relación social y comunitaria. Y, en caso de que no surgiera comunidad a partir de la evangelización, no se alcanzaría el objetivo inherente a la misma. Pero, cuando hablamos de «comunidad de fe», no nos referimos específicamente a la comunidad como un determinado tipo concreto de formación social, sino a diversas formas de convivencia —a un espíritu que debe estar presente en todas ellas, sea cual sea su configuración cultural— que se caracterizan por la inmediatez de las relaciones y por el hecho de compartir la vida misma, los problemas y las soluciones[24]. La nueva evangelización sólo será nueva si es capaz de crear un cristianismo de comunidades

---

24. Es la tesis que defendemos en *Eclesiogenêse,* Ed. Vozes, Petrópolis 1973 (trad. cast.. *Eclesiogénesis,* Ed. Sal Terrae, Santander, 5.ª ed · 1986) y en *Igreja: carisma e poder,* Ed. Vozes, Petrópolis 1981 (trad. cast.: *Iglesia: carisma y poder,* Ed. Sal Terrae, 5.ª ed.: 1986).

y no un cristianismo-sociedad de carácter masivo, en el que se dan unas relaciones anónimas y disimétricas y una rígida división del trabajo eclesial (los clérigos por un lado y los laicos por otro).

2. Comunidad que celebra su fe y su vida

No hay comunidad que no celebre su fe y la vida iluminada por dicha fe. Esto es esencial a toda Iglesia. Pero las celebraciones deben caracterizarse por hacer memoria de los gestos primordiales que comunican la presencia de Cristo y de su Espíritu (sacramentos), expresados mediante símbolos, elementos materiales y ritos provenientes de la cultura de que se trate. Y aquí deben sacarse todas las consecuencias de libertad y creatividad que permita una sana teología sacramental y litúrgica que no lesione el precepto del «salva substantia sacramenti» (salvaguardándose la sustancia del sacramento). La «sustancia» —es decir, lo que identifica al sacramento— está menos relacionada con la materialidad de los signos que con la significación conferida por Cristo y concretada en signos que él tomó de su cultura judía. Así, por ejemplo, para decir que él era la vida, Jesús tomó como signo cultural el pan de trigo, alimento básico de la cultura mediterránea. Si hubiera querido expresarlo en las culturas mesoamericanas, habría empleado el maíz o la mandioca. Por eso, entre nosotros, la nueva evangelización debe tener el valor de saber escoger aquellos símbolos de nuestras culturas que puedan expresar los misterios divinos; de lo contrario, seguiremos estando siempre presos de una concepción colonizada de la evangelización[25].

3. Comunidad de vida, de servicios y de ministerios

En la raíz misma de la comunidad y de la celebración está la comunión de vida y de servicios. Esta realidad de la «koinonía» (comunión) es la que garantiza la eclesialidad de la co-

---

25. Cfr. J.O. BEOZZO, «Para uma liturgia de rosto latino-americano», en *REB* 49 (1989), pp. 586-605.

munidad. Toda comunión —aunque no sea éste el momento de descender a más detalles— implica intercambiar experiencias, poner en común todo cuanto concierne a la vida de la comunidad; en una palabra, buscar en común constantemente el bien común. Sólo puede haber verdadera comunión si los miembros de la comunidad se consideran iguales, hermanos y hermanas unos de otros. No todos hacen todas las cosas, sino que cada cual desempeña su función. Pero todas las funciones son igualmente acogidas y valoradas, sin discriminación ni marginación de ningún tipo. De ahí que los diversos ministerios y servicios en la comunidad sean flexibles, en función de las exigencias y necesidades de las diversas comunidades y formaciones culturales propias de cada pueblo. Por supuesto que hay ministerios que responden permanentemente a las necesidades estructurales de la comunidad y de la propia fe, como es el caso del anuncio evangélico, de la administración de sacramentos y de las necesarias instancias de coordinación y animación; pero también habrá otras expresiones directamente relacionadas con la idiosincrasia propia de cada pueblo.

Sólo una evangelización que asuma «lo otro», permitiendo que aparezcan formas distintas de organización eclesial, podrá ser considerada una evangelización *nueva* y no meramente reproductora de los modelos institucionales establecidos en la formación del catolicismo europeo. Estas diferencias, más que constituir una amenaza a la unidad, revelan la riqueza de ésta. Conviene reconocer aquí que únicamente aquellas instituciones que surgieren del espíritu del propio pueblo, aquellas formulaciones que tradujeren la mentalidad cultural y no significaren la mera repetición de lo que ha sido memorizado, inducido desde arriba y desde fuera, podrán ser denominadas verdaderamente evangelizadoras.

4. Comunidad que sirve a la liberación integral

Finalmente, toda comunidad eclesial debe existir para el *servicio a los demás*. Ésta es su misión. La misión eclesial toma su sentido de la misión de Cristo: traer vida, y vida en abundancia (Jn 10,10). Si el encuentro con el evangelio no potencia un acrecentamiento de significación, una expansión de la dinámica de la vida y una profundización de las relaciones sociales, que tienen su expresión suprema en la relación con Dios, no se habrá logrado absolutamente nada, sino que se habrá introducido un elemento desestructurador de lo que el Verbo y el Espíritu ya habían realizado en la historia. Podemos decir que, en cierto sentido, en no pocos lugares de América Latina la llegada de los misioneros significó también la llegada de la triste noticia de la enfermedad, la explotación, el sometimiento y la muerte. Pero ¿acaso puede el Dios de la vida ser visto y rechazado como la divinidad de la muerte, como aquí y allá es denunciado por líderes religiosos y sabios indígenas?[26]. Entre los pueblos negros y amerindios, la Iglesia perdió una gran parte de su credibilidad evangelizadora por culpa de las circunstancias políticas y sociales en las que tuvo lugar la evangelización. Podemos afirmar con cierta seguridad que aquella evangelización está destinada a fracasar y a producir un anti-evangelio si no se realiza dentro de una visión mística y con inmenso respeto hacia la evangelización primera que el Espíritu y el Verbo habían llevado a cabo en el corazón de las personas y de las culturas. Que este proceso es posible, que es generador de vida y de una verdadera evangelización a partir de los evangelizados, los cuales a su vez evangelizan a quien los evangelizó, lo demuestra la vida de las Hermanitas de Jesús (del P. Foucauld) entre los indígenas tapirapé.

En América Latina, la evangelización sólo será *nueva* (y no continuadora del sometimiento inherente al proyecto colonizador) si es capaz de partir de los pobres e insertarse en sus vidas, en sus causas y en sus luchas. Es a partir de los pobres, que constituyen las grandes mayorías, como el evangelio puede manifestar su fuerza liberadora. Y si aquí no es liberador, ni será evangelio de Jesús ni se hará acreedor a los títulos que pueden legitimar su propósito de penetrar en las diferentes culturas. La esencia del documento de Puebla radica precisamente en la opción de la Iglesia por los pobres. Con dicha opción, Puebla abrió

---

26. Véase el minucioso estudio de J.O. BEOZZO, «Visão indígena da conquista e da evangelização», en *Inculturação e libertação* (op. cit), pp. 79-104.

la verdadera puerta del servicio humano a la vida de los que necesitan vida y ansían además la vida eterna.

¿Qué métodos y estrategias habrá que emplear para semejante evangelización? En mi opinión, la respuesta adecuada la tenemos en el contenido y en la forma misma de las apariciones de la Virgen-Madre de Guadalupe, ya en los albores de la penetración del evangelio en nuestro continente. Allí se dio una verdadera evangelización, de carácter auténticamente paradigmático, cuyas lecciones no han sido aún suficientemente aprendidas por las Iglesias. A ello dedicaremos la tercera parte del presente ensayo[27].

---

27. He aquí una breve bibliografía más accesible: J. LAFAYE, *Quetzalcoátl y Guadalupe*, Fondo de Cultura Económica, México/Madrid/Buenos Aires 1977; V. ELIZONDO, *La morenita: Evangelización de las Américas*, Liguori Publications, Missouri 1981; S. CARRILLO, *El mensaje teológico de Guadalupe*, Bogotá 1986; M.C. MALO, «La Virgen de Guadalupe y el nacionalismo mexicano desde las clases populares», en *Hacia el nuevo milenio*, México 1986, pp. 107-124; P. CANOVA, *Guadalupe dalla parte degli ultimi. Storia e messaggio*, Vicenza 1984; C. SILLER, *El método de la evangelización en el Nican Mopohua*, México 1986; A. JUNCO, *Un radical problema guadalupano*, México 1971.

III PARTE
El método liberador
de Nuestra Señora de Guadalupe:
el evangelio amerindio

El evangelio ha tenido siempre que debatirse con el problema del *método;* ya el propio Jesús, al referirse a la misión, hizo una propuesta metodológica sumamente original, en la línea del despojo absoluto y del anuncio de la paz (cfr. Mc 6,7-11). Y a lo largo de la historia de la Iglesia se han suscitado las más acaloradas discusiones acerca de cómo conciliar la necesidad de predicar el evangelio con el no menos necesario respeto a la libertad humana, apareciendo cada vez con mayor claridad que el mensaje cristiano ha de ser objeto de una propuesta y no de una imposición.

En el siglo XVI, con ocasión de la conquista, el problema afloró de nuevo a la superficie con inusitada crudeza, no habiéndose solventado hasta nuestros días[1]. En el fondo, es justamente aquí donde se decide, a nuestro modo de ver, el asunto de la tan traída y llevada «nueva evangelización»: ¿es metodológicamente «nueva» o, por el contrario —*fine finaliter*-, repite los errores del pasado, introduciendo muy escasa o ninguna innovación? El tema ha surgido reiteradamente a lo largo de nuestras disquisiciones, y ha llegado el momento de retomarlo, aunque sea sucintamente, en los mismos términos en que se planteó ya en los primeros tiempos de la conquista, no habiendo perdido actualidad hasta nuestros días.

---

1. Véase P. BORGES, *Métodos misionales en la cristianización de América. Siglo XVI,* (Departamento de misionología española) Madrid 1960; J. SPECKER, *Die Missionsmethode in Spanisch-Amerika im 16. Jahrhundert,* Freiburg i.B. 1953; R. RICARD, *La conquista espiritual de México,* Fondo de Cultura Económica, México 1986; R. ROMANO, *Les mécanismes de la conquête coloniale: les conquistadores,* Flammarion, Paris 1972; M. de CARCER Y DISDIER, *Apuntes para la historia de la transculturación indoespañola,* México 1953; L. HANKE, *La lucha por la justicia en la conquista española en América,* Buenos Aires 1949.

1
El «impasse»
de la primera evangelización:
la falta de diálogo
con la religión de los indígenas

Los «descubrimientos» (en la perspectiva de los europeos) o «invasiones» (en la perspectiva de los indígenas) hicieron que se les planteara a los cristianos una serie de interrogantes sumamente complejos para ellos.

El primero: ¿cuál es la naturaleza de los indios? ¿Son seres humanos como nosotros a los que, por tanto, debemos respetar o, por el contrario, son bestias a las que, consiguientemente, podemos someter? Puede afirmarse que no eran pocos, especialmente entre los «encomenderos» y colonos, los que consideraban a los indios como si fueran animales, puesto que así los trataban. Los misioneros, por su parte, los amaban con verdadera pasión; pero los amaban como los padres aman a sus hijos pequeños, a los que no querrían ver crecer: consideraban a los indígenas como si fueran niños, carentes del pleno uso de razón, y les negaban incluso la condición de seres razonables, que era algo reservado a los blancos y a los mestizos[2]; éste era uno de los motivos, entre otros, que inducían a los misioneros a negar a los indígenas el acceso al sacerdocio, lo cual ha tenido unas desastrosas consecuencias que aún se dejan sentir en nuestros días.

---

2. Cfr. R. RICARD, *La conquista espiritual de México* (op. cit.), p. 417.

El segundo interrogante podría formularse así: ¿qué derecho ampara a los ibéricos para apropiarse de las tierras y las riquezas de los indios, destruir sus templos, someterlos, hacerles cristianos y convertirlos en súbditos de los monarcas españoles y portugueses? Este debate propició el nacimiento del *ius gentium*, debido a Francisco de Vitoria y otros grandes juristas y teólogos de Salamanca y Valladolid.

Los reyes eran extremadamente celosos de la justicia y la legalidad, y en función de ello provocaban debates entre los sabios de su tiempo para fundamentar teológica y jurídicamente la expansión ibérica. En la colonia, sin embargo, los argumentos pragmáticos funcionaban de muy diferente manera, porque ningún colono estaba dispuesto a atravesar el océano para trabajar la tierra, sino para ser rico y señor de tierras y gentes. Se decía incluso que para los propios indios era mejor ser hombres esclavos que animales libres.

Y un tercer interrogante era el siguiente: ¿cómo debe producirse la conversión de los indios? Existen innumerables textos del siglo XVI que abordan abiertamente este problema; por parte portuguesa, tenemos el famoso «Diálogo do Padre Nóbrega sobre a conversão do gentio»[3], y por parte española el no menos famoso texto del Padre José de Acosta, «De procuranda indorum salute, o la predicación del evangelio en las Indias»[4], donde dice Acosta que, después de haber meditado mucho, llegó a la conclusión de que hay tres métodos de evangelización, a saber[5]:

— El método apostólico, consistente en ir desarmado, sin más fuerza que la de la Palabra de Dios. Este método —dice Acosta— pone permanentemente en peligro la vida del misionero, el cual está a merced de la violencia de los indígenas; por eso no es un método aconsejable.

— El método colonial: primeramente se somete a los indígenas a los príncipes cristianos, y luego se les predica el evan-

---

3. Publicado en *Cartas do Brasil (1549-1560)*, Ed. Itatiaia, São Paulo 1988, pp. 229-245.
4. Fue publicado en la colección «Biblioteca de Autores Españoles», t. 73, Madrid 1954.
5. *De procuranda indorum salute*, libro II, c. VIII, pp. 442-444.

gelio. Este método pone en peligro la vida de los indígenas, que quedan a merced de las armas de los colonizadores, por lo que tampoco es aconsejable.

— Finalmente, el método que Acosta denomina «nuevo modo de predicar el evangelio, acomodado a la condición de estas nuevas naciones»[6]. ¿En qué consiste esta nueva condición? En el hecho de que los indígenas son «una mezcla de hombre y de fiera»[7]. El método debe, pues, adaptarse a esta situación; el trato del misionero debe ser humano, para atender al aspecto humano del indígena, y al mismo tiempo feroz, para atender al aspecto feroz del mismo indígena. ¿Cómo hay que anunciar, pues, el evangelio en estas condiciones? De un modo nuevo, mezclando los elementos buenos de los otros dos métodos: el misionero, por una parte, debe ir desarmado, sin más fuerza que la Palabra del evangelio (método apostólico) y, por otra, «con ayudas humanas y el auxilio de soldados que protejan su vida» (método colonial)[8]. Este tercer método debe ser preferido, pues representa la nueva evangelización para América Latina.

De hecho, fue este último método el que prevaleció, y tanto Nóbrega como Acosta hacen su apología, porque produce unos frutos inmediatos, en la medida en que, gracias al miedo, los indígenas se someten políticamente (reconocen a los reyes, pagan los tributos, aceptan al Papa) y se incorporan a la Iglesia, aceptando el mensaje cristiano que les lleva el misionero.

Esta estrategia dio origen al cristianismo latinoamericano, prolongación del catolicismo católico-romano europeo, con respecto al cual no constituye una novedad, sino una duplicación. Donde se dará la novedad será en otro intento bastante ajeno al control oficial: el catolicismo popular latinoamericano, hecho de elementos medievales, de devociones a santos protectores, de promesas, de romerías, de santuarios, de cofradías laicas y

---

6. *Ibid.*, libro II, c. VIII, p. 450.
7. *Ibid.*, libro II, c. XII, p. 490.
8. *Ibid.*, libro II, c. VIII, p. 442; en la página 450 se dice que «es necesario que anden juntos el soldado y el sacerdote»; más adelante, en la página 453, se afirma que es preciso «anunciar el evangelio de un modo nuevo y rodeado de soldados y aparato vario».

de una serie de elementos tomados de las religiones indígenas y afro-brasileñas.

Las tentativas de una evangelización pacífica, como veremos al hablar de Bartolomé de Las Casas, fueron la excepción a la norma dominante. En general, en la evangelización se da un componente de violencia.

Como argumentaban algunos españoles: «La voz del evangelio sólo se escucha allí donde los indios escuchan *también* el fragor de las armas de fuego»[9].

No debemos perder de vista el inconmensurable esfuerzo de los misioneros por llevar el mensaje cristiano a cualesquiera indígenas con que pudieran encontrarse. Había una verdadera mística misionera de la que se contagiaron toda la Península Ibérica y los mejores clérigos y religiosos. Se cuentan por millares los que, cuando menos, arribaron a su destino misionero, a pesar de que muchos caían víctimas de enfermedades, extravíos y naufragios.

En la misión se intentaron todos los métodos imaginables para llevar al indígena al «orbis christianus»[10]. Primero se aprendían las diversas lenguas y dialectos, para más tarde penetrar en las culturas; algunos, como el franciscano Bernardino de Sahagún en México, hicieron verdaderas investigaciones históricas y etnológicas sobre mitos y costumbres de la cultura náhuatl (mexicana); se abrían escuelas, donde era posible hacerlo (como la famosa escuela de Santa Cruz, en Tlatelolco), para los hijos de las «élites» aztecas, que en pocos años dominaban el español y el latín como cualquier renacentista europeo.

Posteriormente, se confeccionaron catecismos pictóricos o escritos que suministraban la doctrina en forma de historias

---

9. Citado por Lewis HANKE en la introducción al libro de LAS CASAS, *Del único modo de atraer a todos los pueblos a la verdadera religión,* Fondo de Cultura Económica, México 1975, p. 59.

10. Véase el análisis de los diversos métodos en P. BORGES, *Méto dos misionales en la cristianización de América. Siglo XVI* (op. cit.), pp. 250-455.

fácilmente comprensibles para los indígenas. Otras veces se utilizaba la música, como es el caso de Anchieta o de las «reducciones» franciscano-jesuíticas de California y de Paraguay, o el caso de Bartolomé de Las Casas y su experimento de evangelización pacífica en Guatemala (Vera Paz). Tampoco era infrecuente recurrir al teatro y otros tipos de dramatización. Pero se fue aún más lejos: en La Española (Santo Domingo) se escogía a algunos jóvenes indígenas bien dotados para ser enviados a España, donde aprendían la cultura y la religión cristianas y, de regreso al Continente, se lo enseñaban todo a sus hermanos de raza. Especialmente en el Brasil, los jesuitas realizaban una catequesis especial para los niños, a quienes educaban en régimen de internado y les hacían volver luego a sus respectivas tribus para adoctrinar a sus padres y demás indígenas. También se hicieron célebres los «aldeamentos» y las «reducciones», donde, bajo la inspiración de la utopía de Joaquín de Fiore y del espíritu utópico de los primeros cristianos y de los renacentistas, se pretendía construir una nueva humanidad en una verdadera «república comunista».

Pero lo verdaderamente predominante fue la evangelización vinculada a la colonización como un todo unitario, a la vez cultural y religioso, que conllevaba mucha violencia objetiva, pues la confrontación entre europeos e indígenas era profundamente desigual. De hecho, no hubo diálogo, en el sentido de una escucha mutua y un aprendizaje recíproco. Lo que hubo, sin eufemismos, fue auténtica dominación de los nativos por parte de los invasores. Y los colonos que llegaban aquí —aventureros pertenecientes a la escoria de la sociedad ibérica, criminales los unos, simples delincuentes los otros, pero todos obsesionados por el señuelo de la riqueza fácil— eran ocasión de un auténtico escándalo, deshaciendo con su mal ejemplo lo que el misionero enseñaba a los indígenas mediante la catequesis.

Todo lo cual no hacía sino agravar la profunda desestructuración que el contacto con los invasores había ocasionado en la cultura indígena. Son frecuentes las quejas de los misioneros en el sentido de que los indígenas no retenían casi nada de la catequesis. Pero lo que ocurría era que éstos no sabían (ni disponían de las necesarias mediaciones para ello) dónde ubicar, dentro del marco de significaciones de sus respectivas culturas, todos aquellos contenidos doctrinales. El cristianismo era algo que «se les había venido encima», dejándoles totalmente confusos y desorientados. Es comprensible, pues, que muchos misioneros quisieran evangelizar a los indígenas con total independencia de los colonos, no sólo para evitar los escándalos originados por éstos, sino, sobre todo, para poder trabajar directamente con la población de un modo homogéneo y coherente, «según las costumbres políticas de Portugal y de España». Así se entiende la solicitud de Las Casas de inaugurar una misión en Tierra Firme (en la costa de Venezuela), posteriormente fracasada, o las frecuentes peticiones de los misioneros portugueses a la corte de Lisboa[11].

La doctrina y las instrucciones de los reyes eran claras: había que evangelizar pacífica y amorosamente (como le ordenaron los Reyes Católicos a Colón en su segundo viaje). Pero ¿cómo había que actuar en el caso de que los indígenas se resistieran y, simplemente, no aceptaran el evangelio ni reconocieran la soberanía de los reyes españoles y portugueses ni la condición del Papa de representante de Dios?

Este problema dio lugar a una abundante literatura acerca de la guerra justa contra los indígenas, siempre que éstos se mostrasen excesivamente belicosos o se negaran a aceptar el evangelio. Gonzalo Fernández de Oviedo (en su famosa *Historia general y natural de las Indias, islas y Tierra Firme del Mar Océano*) decía: «¿Quién puede dudar de que la pólvora contra los infieles es incienso para el Señor?»[12].

Son conocidas las frecuentes matanzas de indígenas. Con ocasión del segundo viaje de Cristóbal Colón, los misioneros ordenaron castigar a sangre y fuego a los indígenas que habían destruido el fortín mandado erigir por el almirante en su primer viaje. Y ya a finales del siglo XVI, la violencia y las enfermedades habían acabado totalmente con la población nativa de

---

11. Un buen análisis de las diversas iniciativas puede verse en L. HANKE, *Colonisation et conscience chrétienne au XVI siècle*, Plon, Paris 1957, pp. 100-119.

12. Tomo I, p. 139.

Santo Domingo. Como afirmaban dos colonos de la época: «Parece que Dios Nuestro Señor es servido por el hecho de que estas gentes indias hayan desaparecido totalmente, bien por causa de los pecados de sus antepasados, bien por los suyos propios, bien por cualquier otra causa oculta, y que estos señoríos pasen a Vuestra Majestad y a sus sucesores y sean poblados por gente cristiana»[13].

No obstante, y a pesar del funesto destino a que estaban abocados los indígenas, la corona mostraba escrúpulos morales, porque era consciente de que la presencia de los colonos significaba una profunda desestructuración en la vida de las poblaciones nativas. Fruto de ello fue el famoso *Requerimiento*[14], un documento teológico-jurídico que debía ser leído oficialmente a los indígenas (con la presencia, a ser posible, de un notario) en su primer contacto con los españoles, mediante el cual se justificaba su sometimiento y se garantizaba su derecho a ser evangelizados[15].

1. El «Requerimiento»: instrumento de la dominación indígena

Redactado en 1514 por Juan López de Palacios Rubio, el *Requerimiento* comienza con un relato histórico de la creación del mundo, muestra a continuación el establecimiento del papado como instancia representativa de Dios y concluye con la donación que el Papa Alejandro VI hizo a los reyes de España de «estas islas y tierra firme». El documento requiere de parte de los indígenas (de ahí su nombre de *Requerimiento*) un doble asentimiento: en primer lugar, que reconozcan a «la Iglesia como soberana y maestra del mundo entero, y al sumo pontífice, llamado Papa, que en su nombre y con su beneplácito estableció

---

13. Citado por L. HANKE en el prólogo al libro de LAS CASAS, *Del único modo...* (op. cit.), p. 28.

14. Véase el estudio de L. HANKE, «A aplicação do requerimento na América espanhola»: *Revista do Brasil* (septiembre 1938), pp. 231-248; también en *Colonisation et conscience chrétienne...* (op. cit.), pp. 29-39.

15. *Op. cit.*, pp. 322-324.

al rey y a la reina como maestros, señores y reyes de estas islas y tierra firme, en virtud de la referida donación»; en segundo lugar, que permitan que se les enseñe la verdadera religión. De lo contrario, serán sometidos, a sangre y fuego, a la corona y a la Iglesia.

Obsérvese la dureza de los términos del *Requerimiento:* «Nosotros os tomaremos a vosotros, a vuestras mujeres y a vuestros hijos y seréis esclavos, vendidos o repartidos como conviniere a Sus Altezas; tomaremos vuestros bienes, haciéndoos todo mal y cuantos estragos pudiéremos, como a vasallos rebeldes que se niegan a aceptar a su señor, le oponen resistencia y le rechazan; y reafirmamos que vosotros seréis responsables de los muertos y cualesquiera daños que os acontezcan, y no Sus Altezas, ni nosotros, ni los caballeros que nos acompañan. Y requerimos al notario aquí presente que testimonie por escrito todo cuanto os decimos y la lectura del Requerimiento, como también requerimos que todos los demás aquí presentes puedan también testimoniar». Al igual que Las Casas, no sabemos si reir o llorar ante semejante arrogancia, rayana en el ridículo. Una sensación de ridículo que aumenta más aún cuando sabemos que, si el documento no podía ser leído en presencia de los indígenas, debía serles gritado mientras huían, o bien serles leído a las plantas o a las chozas vacías. En cualquier caso, el formulismo debía cumplirse para calmar la mala conciencia producida por el avasallamiento de los indígenas.

2. La Bula del Papa: instrumento de liberación indígena

Hasta tal punto estaban persuadidos los colonos de que los indígenas eran animales o semi-animales que el misionero dominico Bernardino de Minava tuvo que ir a Roma en 1537 y forzar prácticamente al Papa Paulo III a redactar la Bula *Sublimis Deus,* en la que se reafirmaba que los indígenas eran seres racionales y que sus vidas y propiedades debían ser respetadas.

Por tratarse del primer documento pontificio dirigido a América Latina, lo transcribiremos tal como es citado por Las Casas en su famoso libro *De unico vocationis modo,* que enseguida comentaremos:

«Paulo, obispo, siervo de los siervos de Dios, a todos los fieles de Cristo que vean las presentes letras: salud y bendición apostólica.

De tal manera amó el Dios sublime al género humano que crió al hombre de tal condición que no sólo pudiera participar del bien, igual que las demás criaturas, sino que también pudiese llegar al mismo Bien sumo, inaccesible e invisible, y contemplarlo cara a cara.

Y como el hombre fue criado para entrar en la vida y bienaventuranza eternas, según lo atestigua también la Sagrada Escritura; y como nadie puede alcanzar dicha vida y bienaventuranza eternas sino por la fe en nuestro Señor Jesucristo, es menester confesar que el hombre es de tal condición y naturaleza que puede recibir la fe de Cristo, y que todos cuantos tienen la naturaleza humana tienen también la aptitud para recibir esa misma fe. Porque no es de creer que haya alguien tan necio que crea que puede alcanzar algún fin y que de ninguna manera puede obtener los medios de todo punto necesarios para ello.

Por donde se reconoce que la misma Verdad, que no puede engañarse ni engañar, al destinar a los predicadores de la fe al ministerio de la predicación, afirmó: yendo, enseñen a todas las naciones. A todas, dijo, sin hacer ninguna distinción, por cuanto todas son capaces de la enseñanza de la fe.

Y viendo y envidiando todo eso, el enemigo del mismo género humano, que se opone siempre a todos los hombres buenos para perderlos, excogitó un modo inaudito hasta ahora, con el cual pudiese impedir que se predicase a las naciones la palabra de Dios para que se salvasen; excitó algunos secuaces suyos que, deseando saciar sus apetitos, tuviesen el atrevimiento de afirmar por todas partes que los indios occidentales y meridionales y otros que llegaran a nuestro conocimiento en estos tiempos deben ser reducidos a nuestro servicio so pretexto de que están privados de la fe católica, a manera de animales irracionales. Y los reducen efectivamente a esclavitud oprimiéndolos con tantos trabajos como cuantos oprimen a los animales irracionales que tienen a su servicio.

Nos, por tanto, que, aun sin merecerlo, hacemos las veces del mismo Señor nuestro, procuramos con todo empeño atraer a las ovejas de su rebaño a Nos confiadas que andan fuera del redil; considerando que los mismos indios, como verdaderos hombres, no solamente son capaces de recibir la fe cristiana, sino que, como sabemos, acuden con gran presteza a la misma fe, y deseando intervenir en este asunto con remedios convenientes, por las presentes letras decretamos y declaramos, con nuestra autoridad apostólica, que los referidos indios y todos los demás pueblos que en el futuro vengan al conocimiento de los cristianos, aunque se encuentren fuera de la fe de Cristo, no deben estar privados ni deben serlo de su libertad ni del dominio de sus cosas; y más aún, que pueden usar, poseer y gozar libre y lícitamente de esa libertad y de ese dominio; y que no deben ser reducidos a esclavitud; y que es ilícito y nulo y de ningún valor todo lo que, en cualquier tiempo, se viniere a hacer en este sentido; y que se debe convidar a los mismos indios y a las demás naciones a recibir la mencionada fe de Cristo con la predicación de la palabra de Dios y con los ejemplos de una vida buena; y que a las copias de las presentes letras, suscritas con la firma de algún notario público y autorizadas con el sello de alguna persona constituida en dignidad eclesiástica, debe prestarse la misma fe que se presta a las letras originales, no obstando las disposiciones anteriores o cualesquiera otras en contrario. Dadas en Roma, en la basílica de San Pedro, en el año de la encarnación del Señor de mil y quinientos y treinta y siete, en el día 2 de junio, en el año tercero de nuestro pontificado».

El documento es ciertamente inequívoco. El Papa no podría haberse manifestado más claramente en defensa de los indígenas como personas libres y con derecho a poseer sus propios bienes. Es de notar que la primera intervención del Magisterio oficial en relación a América Latina se produjo en un sentido claramente liberador. Ahí hunde sus raíces una tradición que culminó en la opción de la Iglesia por los pobres y en la actual teología de la liberación. Tan sólo lamentamos que nuestras Iglesias locales y el propio Magisterio no se hayan referido más a tan cristalino documento, el cual, en medio de tanta complicidad de la Iglesia ibérica con los conquistadores, muestra una actitud evangélica del Papa Paulo III en favor de los oprimidos.

2
«Tierra de Vera Paz»:
la evangelización pacífica
de Las Casas

Bartolomé de Las Casas (1474-1566), antes de ser religioso dominico, obispo de Chiapas e insigne defensor de los indígenas, había sido en La Española (hoy República Dominicana) un importante encomendero con muchos indios esclavos a su servicio[16]. Llegado a la isla en 1502, ocho años más tarde, en 1510, escuchó un famoso sermón de Fray Pedro de Córdoba sobre la situación de los indígenas que le movió a conversión. En 1514 renunció a las encomiendas y se convirtió en decidido defensor de los indígenas. Entre 1519 y 1520 intentó, con unos cuantos colonos españoles honrados, convivir pacíficamente, en la costa de Venezuela, con los indígenas, tratando de iniciarlos en la fe y la cultura hispánicas. Si el intento desembocó en el fracaso, fue porque otros españoles trataron de esclavizar a los indígenas, los cuales se rebelaron, mataron a una serie de misioneros y obligaron al resto a huir. Las Casas se retiró entonces (1521) al convento que los dominicos tenían en la ciudad de Santo Domingo. Se hizo religioso dominico y se dedicó, hasta 1529, a la meditación y al estudio. Luego estuvo cinco años

---

16. La literatura sobre Las Casas es abundantísima; como referencia accesible, véase E. DUSSEL, «Bartolomé de las Casas no quinto centenário de seu nascimento», en *Caminhos de libertação latino-americana* II, Ed. Paulinas, São Paulo 1985, pp. 135-155.

viajando por México, Honduras, Nicaragua y otras regiones misioneras del Caribe, siempre preocupado por la situación de los indígenas. Sus famosos libros *Brevísima relación de la destrucción de las Indias* e *Historia de las Indias* dan cuenta de la violencia y crueldad con que los indígenas fueron tratados y, en buena parte, exterminados.

En 1536 comienza a escribir una verdadera tesis sobre el método misionero, titulada *Del único modo de atraer a todos los pueblos a la verdadera religión,* redactada en un elegante latín y repleta de citas de los santos Padres (tesis conocida en latín como *De unico vocationis modo*)[17].

La tesis fundamental sustentada por Las Casas es la siguiente: «La Providencia divina estableció para todo el mundo y para todos los tiempos un solo y único modo de enseñar a los hombres la verdadera religión, a saber: la persuasión del entendimiento por medio de razones y la solicitación y la suave moción de la voluntad. Se trata, indudablemente, de un modo que debe ser común a todos los hombres del mundo, sin distinción alguna de sectas, errores o corrupción de las costumbres... Hay solamente un modo, propio de la Sabiduría divina, que delicada, dulce y suavemente provee y mueve a todos los seres creados para que efectúen sus actos y tiendan a sus fines naturales... En consecuencia, el modo de enseñar a los hombres la verdadera doctrina debe ser delicado, dulce y suave»[18].

En virtud de este método, Las Casas establece una serie de principios que garanticen el carácter verdaderamente pacífico de la misión, de entre los cuales citaremos cinco:

— En primer lugar, los oyentes deben comprender que los misioneros no tienen intención de dominarlos.

— En segundo lugar, los oyentes deben estar convencidos de que a los misioneros no les mueve ninguna ambición de riquezas.

---

17. Citaremos la edición reciente, consignada en la nota 9; consúltese también la muy notable introducción de L. HANKE a dicha edición, donde se relata la experiencia de evangelización pacífica realizada en Tierra de Vera Paz, pp. 21-60.

18. *Del único modo...,* libro V, § 1, pp. 65-66; cfr. p. 67.

— En tercer lugar, los misioneros deben ser «tan dulces y humildes, afables y mansos, amables y benévolos al hablar con sus oyentes, y especialmente con los infieles, que hagan nacer en ellos la voluntad de oirles con agrado y de tener su doctrina en la mayor reverencia».

— En cuarto lugar, los predicadores deben sentir el mismo amor y caridad hacia todos que sintió san Pablo, llevándolos a realizar trabajos tan extraordinarios como los del Apóstol.

— Finalmente, en quinto lugar, los predicadores deben llevar una vida tan ejemplar que para todos quede perfectamente claro que su predicación es santa y justa.

Para cada uno de estos puntos, Las Casas aduce una impresionante serie de razonamientos tomados de la Escritura, de la Tradición y de la propia práctica de la Iglesia en su evangelización de España y de Inglaterra.

Pero Bartolomé de Las Casas no se quedó en la mera teoría, que sigue siendo fundamental en nuestros días, sino que la aplicó en Guatemala, concretamente en la llamada Tierra de Guerra (así denominada por la ferocidad de sus habitantes y la abundancia de animales salvajes), cuyo nombre cambió por el de «Tierra de Vera Paz». Durante 13 años, de 1537 a 1550, se produjo allí un intento de evangelización que constituye, sin lugar a dudas, uno de los más originales de la historia cristiana en América Latina. Después de haber obtenido las oportunas licencias, Las Casas y sus tres compañeros dominicos pusieron manos a la obra, comenzando por unos cuantos días de ayuno y oración. Luego compusieron una serie de historias en verso (llamadas «romances») en las que referían los contenidos de la fe cristiana; a continuación, pusieron música a dichas historias y encargaron su ilustración gráfica a cuatro indígenas cristianos que se dedicaban a comerciar por aquellas tierras inhóspitas. Estos se introdujeron en el territorio y comenzaron a cantar aquellas historias que se habían aprendido de memoria, acompañándose de instrumentos indígenas. Al cabo de ocho días, el éxito fue enorme, a pesar de que la doctrina afirmara que sus dioses eran simples ídolos, e inicuos los sacrificios que ofrecían. Cuando los indígenas querían saber algo más, los cuatro mercaderes decían que sólo los padres dominicos, hombres virtuosos y pacíficos, podían instruirlos. Luego regresaron con una invitación del cacique a vivir en sus tierras, mientras un emisario se unía a los mercaderes para observar secretamente a los dominicos y comprobar si éstos eran realmente tan virtuosos y pacíficos.

En respuesta, Las Casas envió a un misionero que fue recibido con gran alborozo; luego se construyó una iglesia, mientras que la predicación logró que los propios indígenas destruyeran sus templos y quemaran sus «ídolos». El éxito hizo que acudieran allí otros dominicos, entre ellos Las Casas, los cuales se esforzaron durante años en consolidar la pacífica misión. Gracias a este ejemplo, y ayudado por su retórica, Las Casas consiguió, especialmente a partir de 1540, que los reyes promulgaran abundantes decretos en favor de los indígenas. Mientras tanto, los colonos de Guatemala trataban por todos los medios de difamar el experimento e impedir que prosiguiera.

En 1544, Las Casas fue nombrado obispo de Chiapas, región a la que pertenecía la Tierra de Vera Paz. Y, para hacer frente a las presiones de los colonos, comenzó a excomulgar, sin la menor vacilación, a los más exaltados de ellos, que penetraban en las tierras de los indígenas para someterlos. En 1550, a la edad de 76 años, cansado y quebrantado por tanta lucha, renunció al episcopado.

El final del experimento fue verdaderamente trágico, como lo refiere una carta de los dominicos que sobrevivieron al Consejo de Indias del 14 de mayo de 1556[19]. A pesar de todas las dificultades, los misioneros dominicos habían trabajado con enorme ardor, «destruyendo ídolos, quemando templos, edificando iglesias y ganando almas». Sin embargo, ciertos sacerdotes indígenas, unidos a otros que no se habían convertido, fomentaron una rebelión. Los misioneros fueron expulsados, aunque dos de ellos fueron asesinados en la iglesia, y otro fue sacrificado a un «ídolo», mientras que treinta indígenas cristianos morían asaeteados. Cuando los misioneros acudieron a los españoles en busca de ayuda, éstos no les atendieron, alegando que no les estaba permitido entrar en territorio indígena. Más tarde, el rey español envió una expedición de castigo para so-

---

19. Puede verse en la introducción de L. HANKE, *op. cit.*, pp. 52-53.

meter a los indígenas. Así de trágicamente concluyó el intento de una evangelización pacífica.

Mirando hacia atrás con ojos críticos, podemos preguntarnos cuál fue el «talón de Aquiles» de aquella estrategia pretendidamente pacífica. Y la respuesta es que no fue lo bastante pacífica, sino que, en un punto verdaderamente central, contenía una considerable dosis de violencia; no una violencia física, ciertamente, sino una violencia de otro tipo, pero igualmente destructora: la violencia simbólica. No se reconocía la religión de los indígenas; no se aceptaba la validez de su imaginería y su simbólica religiosa; se decretaba la destrucción de sus «ídolos» a sangre y fuego; se perseguía a sus sacerdotes y dirigentes religiosos...[20] Ahora bien, todos sabemos que, antropológicamente hablando, la religión —como ya hemos afirmado anteriormente— constituye el núcleo central, el alma y el sentido más radical de la cultura. Destruir este núcleo es tanto como decapitar a una comunidad, como arrancar el esqueleto que sustenta un cuerpo, como decretar la muerte cultural de un pueblo. Trágicamente, esto fue lo que ocurrió en América Latina con las culturas-testimonio y con las poblaciones negras traídas en masa al Continente por los traficantes de esclavos.

A base de esta estrategia de violencia simbólica (consecuencia de la estrechez de miras de la dogmática cristiana de la época) se implantó un cristianismo carente de raíces «matriciales» y que formaba parte del proyecto de incorporación de los indígenas a la totalidad ibérica y a la homogeneidad de la única cristiandad europea, perdiéndose la oportunidad de crear aquí, en los trópicos, un cristianismo culturalmente distinto del occidental-europeo.

---

20. Los misioneros, especialmente en México, se vieron poseídos por una furiosa ansia de destruir templos e ídolos. El obispo de la ciudad de México, Zumárraga, en carta de 12 de junio de 1531 al emperador Carlos V, cuenta cómo fueron destruidos más de quinientos templos y veinte mil ídolos; por otra parte, todo cuanto no entrara en colisión con la religión (la lengua, los usos y costumbres cotidianos, los monumentos civiles...) era conservado amorosamente; para más detalle, véase R. RICARD, *La conquista espiritual de México* (op. cit.), pp. 96-108; J. SPECKER, *Die Missionsmethode in Spanisch-Amerika im 16. Jahrhundert*, Freiburg i.B. 1953, pp. 116-135.

3
El método liberador de la Virgen morena

Las condiciones previas para un cristianismo liberador y típicamente latinoamericano, como fruto de una nueva evangelización y del encuentro con las diferentes culturas presentes en nuestro continente, ya se dieron en el siglo XVI, justamente en el momento en que se consolidaba la colonización española y comenzaban a brotar las ansias de vida y de libertad por parte de los indígenas. Estamos pensando en la Virgen morena de Guadalupe, que todavía hoy sigue siendo la referencia religiosa y popular más fuerte de los pueblos latinoamericanos. No pretendemos discutir los aspectos críticos del supuesto acontecimiento de la aparición de María a un indígena náhuatl. Queremos tomar el hecho tal como es vivido por los creyentes y aceptado por la Iglesia oficial. Pero nos interesa especialmente el método que se deduce de aquel acontecimiento de fe. Hay ahí un método liberador que articula todos los elementos internos y externos a la aparición.

1. El diálogo que faltaba entre evangelio y religión indígena

Para entender la novedad del método evangelizador de Nuestra Señora de Guadalupe, hemos de considerar la situación socio-histórica de descomposición en que se hallaba la civilización azteca bajo la dominación española. Rememoremos algunas fechas: el 22 de abril de 1519 comienza el largo «viernes santo» de agonía y muerte de la cultura mexicana, cuando Hernán Cortés, al frente de 600 soldados, 16 caballos y unas cuantas piezas de artillería, desembarca en las costas mexicanas. El 13 de agosto de 1521, y tras un largo asedio, toma Tenochtitlán, la capital de los aztecas; se calcula que murieron en aquella ocasión 240.000 guerreros.

El anónimo de Tlatelolco (escrito en lengua náhuatl hacia 1528) refiere la siniestra escena: «Los caminos están llenos de flechas quebradas y sembrados de cabelleras, las casas sin tejado y con sus muros ardiendo, las calles y plazas plagadas de gusanos, y las paredes manchadas de sesos reventados... Hemos masticado hierba llena de salitre, pedazos de adobe, lagartijas, ratas, polvo y gusanos»[21]. Según la creencia azteca, la derrota afecta también a las divinidades, que para ellos son siempre masculinas y femeninas. Un triste cántico de 1523 reconoce: «Llorad, amigos míos; comprended que con todo esto perdemos la nación mexicana. El agua se ha agriado, y también la comida. Esto es lo que ha hecho el Dador de la vida en Tlatelolco»[22].

En el famoso *Diálogo de los doce apóstoles* (los primeros misioneros franciscanos, llegados en 1524) con los sabios aztecas en 1525, se dice claramente: «¿Adónde habremos todavía de ir? Somos gente sencilla, somos perecederos, somos mortales; dejadnos, pues, morir; dejadnos perecer, pues nuestros dioses ya están muertos»[23]. Éste es el contexto de agonía, desesperación y muerte de la nación azteca.

El 9 de diciembre de 1531 (diez años después de la derrota de Moctezuma), en el monte Tepeyac, en la periferia de la capital (donde se veneraba a *Tonantzin,* la «venerable Madre»), se aparece Nuestra Señora a Juan Diego, un indígena azteca que frecuentaba la catequesis en Tlatelolco. No es éste el momento de describir todos los pormenores de la aparición, del mensaje de la Virgen-Madre al obispo Juan de Zumárraga y de la construcción del templo dedicado a María en Tepeyac. Nos atendremos únicamente a los elementos que guardan relación con

---

21. Cfr. M. LEON-PORTILLA, *A conquista da América Latina vista pelos índios,* Ed. Vozes, Petrópolis, p. 41.

22. *Ibid.,* p. 48.

23. *Ibid.,* p. 20.

el tema que nos interesa: el de la evangelización como método de encuentro entre cultura y evangelio, como diálogo entre evangelio y religión.

En primer lugar, la Virgen-Madre se aparece con rostro mestizo, como simbolizando el encuentro entre españoles e indígenas, aunque privilegiando la aportación de estos últimos, pues se aparece a uno de ellos y asume los símbolos de su cultura[24].

Además, no habla en español, sino en náhuatl, el idioma de los aztecas, y utilizando el lenguaje religioso que éstos empleaban para referirse a Dios: «Yo soy la Madre del Dios muy verdadero, por quien se vive, creador de las personas, señor de lo próximo y lo inmediato, señor del cielo y de la tierra». Aparece uniendo lo masculino (sol) y lo femenino (luna y estrellas), como hacían los aztecas, para quienes las divinidades eran siempre masculinas y femeninas. Es un hecho demostrado que, en la antigua religión azteca, las expresiones «Madre de Dios» y «Nuestra Madre» traducen el aspecto femenino de la divinidad, el rostro materno de Dios. En efecto, la Virgen Madre de Guadalupe aparece encima del sol, cuyos rayos la rodean por doquier; debajo se encuentra la luna; y sobre el manto, las estrellas, colocadas, según algunos, de acuerdo con el mapa astral de los días en que se apareció en Tepeyac. El sol y la luna eran las grandes divinidades aztecas, y ambas son reasumidas en sí por María. La túnica es del color de Huitzilopochtli, el dios supremo, el dios de la vida: el color rojo pálido, color también del Oriente, donde ella nace victoriosamente cada mañana, después de atravesar los mortales riesgos de la noche. Para Juan Diego, este color significaría, además, el color de la sangre que cada día ofrecían los aztecas para mantener el sol con vida, a fin de que pudiera dar vida a todos los seres vivos. Las flores que adornan la túnica son las flores de Tepeyac, donde se veneraba a Dios-Madre. El manto es azul y verde, los colores

---

24. Dice *Puebla* en su n. 446: «Es el evangelio, encarnado en nuestros pueblos, lo que los congrega en una originalidad histórica cultural que llamamos "América Latina". Esa identidad se simboliza muy luminosamente en el rostro mestizo de María de Guadalupe, que se yergue al inicio de la evangelización».

de la divinidad del cielo (azul) y de la tierra fértil (verde). Sólo
el rey y la divinidad, según los aztecas, podían llevar juntos
ambos colores. María aparece, además, en estado de gravidez,
con los símbolos que las mujeres aztecas llevaban en su vientre:
dos cintas negras caídas a lo largo del cuerpo. Junto a ellas
aparece una pequeña cruz indígena (quincunce), que para los
aztecas significa el encuentro entre el camino de los hombres y
el camino de los dioses. Es una especie de rosa con cuatro
pétalos (camino de los hombres) en torno a un círculo central
(camino de los dioses). Este símbolo, fundamental en la cultura
azteca, aparece sobre el vientre de María, como dando a entender
que lo que ella está gestando y habrá de nacer es el encuentro
entre Dios y los hombres: Jesús. Por otra parte, en el centro
mismo del cuello de la túnica se ve la cruz cristiana, para significar que la Virgen-Madre, inserta en la cultura azteca, sigue
siendo la Madre del Hijo crucificado por nuestra liberación. El
ángel que transporta a la Virgen-Madre, con las alas características de un ave que vive en el trópico mexicano (tzinitzcan),
significa el origen divino de quien se aparece; además, según
el calendario azteca (la famosa Piedra del Sol), cada una de las
eras importantes era introducida por un ser celeste. Así pues,
María significa la nueva era de la salvación a través de Jesús y
del Espíritu que le hace nacer del seno de María. Ella es aquí
portadora de ambos: del Hijo eterno, que está en su vientre, y
del Espíritu, que a partir de María crea para él una humanidad

2. Del centro a la periferia

¿A quién se aparece María? No a un español ni a un representante de la institución eclesiástica, sino a un indígena marginado. Y lo primero que la Virgen-Madre le dice es: «Juanito,
hijo mío, que debías ser tratado con sumo respeto, pero que
eres marginado, ¿adónde vas?» Los conquistadores trataban con
extremada dureza a los aztecas, y Juan Diego había asimilado
la imagen negativa que se había creado de los indígenas. Se
reconoce como «pobre indito», hombre del campo, desprecia-
ble, hoja seca caída del árbol («soy mecapal, soy parihuela, soy
cola, soy ala, un indito»). María, a diferencia de lo que ocurre
en el cristianismo europeo de vertiente aristocrática y feudal,
donde es llamada «Notre Dame», «Nuestra Señora», etc., quiere

ser llamada en América Latina «Niña», «Virgencita», «Muchachita», «Hija mía menor», «Señora», «Madrecita», «la madre compasiva del pueblo»... Se sitúa en el universo afectivo y lingüístico del pueblo y de los pobres y opta por los indios empobrecidos y humillados, ocupando el lugar de la periferia y no el del centro[25]. No habla desde el palacio del obispo Zumárraga, construido en la capital con materiales de las pirámides derruidas, sino desde Tepeyac, lugar periférico y sin importancia. Y escoge a Juan Diego, al que afectuosamente llama «Juanito», «Dieguito» o «pobre indito». El indígena, sojuzgado por los conquistadores, va a evangelizar al obispo, que se encuentra en el centro. Pero no irá a él con violencia, como hicieron los españoles en relación a los aztecas, sino con palabras de convencimiento y con el poncho lleno de flores, que arrojará a los pies del obispo.

La misión evangelizadora de Juan Diego nos hace recordar las palabras de Puebla acerca del «potencial evangelizador de los pobres» (n. 1147). El mensaje que la Virgen-Madre envía al obispo supone el desplazamiento del centro hacia la periferia, pues pide que se construya un templo en Tepeyac, donde desea dar a conocer «a las gentes a Dios con todo mi amor personal, con mi mirar compasivo, con mi auxilio, con mi salvación, porque soy en verdad vuestra madre compasiva». María revela su misión junto a los pobres: «Aquí deseo escuchar vuestros lamentos e ir a vuestro encuentro para procurar alivio a vuestras penas y dolores». La aparición y la misión confiada a Juan Diego para que el obispo de los dominadores la lleve a cabo revelan un nuevo sentido de la evangelización. No se trata ya de la evangelización institucional desde el poder, desde una instancia superior a los indios y dirigida a éstos, sino de una evangelización desde los pobres y abierta a todos.

Cuando se parte del poder, se supone que los indígenas son ignorantes e incapaces de actuar. Mediante la evangelización se les transmiten unos contenidos, convirtiéndose en objeto de la acción de unos sobre otros, en eco de la voz de otros, y en

---

25. Cfr. E. HOORNAERT, «A evangelização segundo a tradição guadalupana»: *REB* 34 (1974), pp. 524-545; Cl. SILLER, *El método de la evangelización en el Nican Mopohua*, México 1986.

razón de ello son inducidos a actuar y vivir cristianamente. En cambio, la evangelización a partir del pueblo implica a todos, como lo muestra María de Guadalupe. Tanto Juan Diego como el obispo Zumárraga deben oir el mensaje de la Virgen, mudarse de lugar y estar atentos a los pobres, a quienes María desea consolar. La evangelización ya no será expansión del sistema eclesiástico, sino creación de comunidades en torno a un mensaje.

Todos son convocados por María a dejar el centro (Tenochtitlán-Tlatelolco) y desplazarse a la periferia (Tepeyac), lo cual permitirá a las personas y a las instituciones conocer una experiencia abrahámica y dejarse evangelizar, conviviendo con los pobres y produciendo para ellos una Buena Nueva de vida y salvación. No deja de ser curiosa la figura del tío de Juan Diego, llamado Juan Bernardino, el cual, enfermo y agonizante, es curado por la Guadalupana. Como se sabe, la figura del tío, en la cultura azteca, era una figura sumamente respetada; su herencia no iba a parar a sus hijos, sino a sus sobrinos. Pues bien, el tío de Juan Diego simboliza la nación, porque se encuentra enfermo y postrado como toda la nación azteca. Entonces, gracias a la Guadalupana, se recobra y resucita. Ésta es la Buena Nueva que trae María a la cultura indígena, el evangelio indígena de la liberación. Los aztecas entienden tanto el lenguaje de la Virgen-Madre como el de los símbolos, o el de la importancia de Juan Diego y de su tío Juan Bernardino, y se convierten en masa. Las esperanzas del pueblo resucitan; las divinidades no han muerto. Ahora, con la figura de la Virgen-Madre de Tepeyac, ha llegado la salvación, la capacidad de resistir y el coraje para alcanzar la liberación.

Concluyendo: la Iglesia latinoamericana tiene aún que aprender la lección de Guadalupe, superando una interpretación meramente pietista y eclesiástica. Es preciso prestar atención a todos los elementos, porque hay una lección que aprender: que es posible ser plenamente azteca y, al mismo tiempo, cristiano. La Virgen-Madre así lo ha mostrado. Conviene, pues, seguir en la estela de este método creativo de Guadalupe, porque sólo así tendremos una evangelización realizada bajo el signo de la liberación y que permita gestar una Iglesia amerindia en nuestro Continente.

Conclusión:
Construir juntos una cultura de la vida y la libertad

Después de todas las anteriores reflexiones acerca de la relación entre evangelización y culturas y la esencial metodología evangelizadora, podríamos resumir en una serie de «tesis» las perspectivas fundamentales.

1. Puebla nos trazó el camino correcto para realizar hoy una auténtica evangelización. Citemos de nuevo el célebre número 85: «La Iglesia ha ido conquistando una conciencia cada vez más clara y crecientemente más profunda de que la evangelización es su *misión fundamental* y de que no es posible el cumplimiento de esta misión sin un esfuerzo permanente de conocimiento de la *realidad* y de adaptación dinámica, nueva, atractiva y convincente del *mensaje* a los hombres de hoy». Lo que aquí se afirma es lo siguiente: la producción de la Buena Nueva es fruto del encuentro entre la realidad y el mensaje cristiano. No basta con propagar el mensaje tal como fue codificado una vez en la historia. Eso puede garantizar la ortodoxia de las proposiciones, pero no el carácter de Buena Nueva que es el que ayuda efectivamente a las personas. Este carácter depende de que en cada ocasión, en las propias búsquedas, contradicciones y aciertos, se analice la realidad y se confronte con la utopía de Jesús. La realidad histórico-social de nuestros pueblos latinoamericanos se caracteriza por unas inmensas esperanzas nacidas en medio de un sinnúmero de opresiones. Culturas oprimidas, razas humilladas, clases explotadas y periferias marginadas ponen de relieve el desgarrón que afecta a todo el tejido social. Y junto a ello se verifica la movilización de los oprimidos, que se concientizan, se organizan, resisten y procuran avanzar de mil maneras hacia la libertad. Frente a esta anti-realidad de unas culturas oprimidas, a las Iglesias no les queda otra opción evangélica más pertinente que la opción por las culturas de los oprimidos y marginados, en orden a su liberación.

2. Dentro de este proceso de resistencia y de liberación se hallan las comunidades cristianas de base, que forman parte del movimiento social y han conseguido quebrar el enfeudamiento que las Iglesias cristianas padecían dentro del orden capitalista. Históricamente, las Iglesias, especialmente la católico-romana, se articulaban más con los intereses de quienes organizaban dicho orden, que margina a las grandes mayorías, que con las capas subalternas de la población. Pues bien, el haber desentrañado la dimensión liberadora del mensaje de Jesús en favor de los oprimidos de nuestra realidad social sigue siendo el gran mérito de los cristianos comprometidos en las transformaciones sociales a través de sus movimientos: las comunidades eclesiales de base, los «círculos bíblicos», los grupos de salud alternativa, de derechos humanos, de promoción de viviendas para los que carecen de ella, de mujeres marginadas, etc.

3. En estos ámbitos se mueve la nueva evangelización, la cual se presenta como nueva por muchas razones:

a) Porque se basa más en el *evangelio* que en la pura y simple propagación de la doctrina eclesiástica; el evangelio es leído conjuntamente en las comunidades, interpretado en un ambiente de oración y de comunión y vivido en confrontación con los problemas de la cultura popular; es aquí donde aparece el evangelio como Buena Noticia de liberación.

b) Porque tiene como *sujeto principal* de la evangelización a los propios pobres; la novedad, aquí, reside en que unos pobres están evangelizando a otros pobres, y éstos, en cuanto pobres, están evangelizando a toda la Iglesia.

c) Porque existen unos *nuevos destinatarios* de la evangelización, como la cultura y la religiosidad populares, los negros, la mujer marginada (prostituida), los niños de la calle, los machacados por el sufrimiento, los que no poseen tierras ni vivienda, los «favelados» (chabolistas), etc.

d) Porque se emplean *métodos nuevos,* en la línea de la «pedagogía del oprimido» y de la «educación como práctica de la libertad», del conocido pedagogo cristiano Paulo Freire, según la cual tanto el educando como el educador, el catequizando como el catequista, entran en un proceso de aprendizaje mutuo y de intercambio de saberes a partir de las experiencias acumuladas, las cuales son criticadas y ampliadas en una perspectiva integral, donde se atiende a las diversas dimensiones (personal, social, intelectual, afectiva, cultural y religiosa) de la existencia humana.

e) Porque se comunican *nuevos contenidos,* derivados de la articulación del discurso de la fe con el del submundo; se descubre que en la revelación bíblica existe un vínculo esencial entre el Dios de la vida, los pobres y la liberación; entre el Reino de Dios, que comienza a realizarse a partir de los empobrecidos, y la dimensión político-social de la vida y el sentido último de la historia, siempre en una relación dialéctica con el anti-Reino, que también se estructura en la historia provocando martirios, manipulaciones del nombre de Dios y opresiones de todo tipo.

f) Porque se inaugura un *nuevo modo de ser Iglesia* que se caracteriza por la comunidad, por la participación posible de todos, por la distribución de las funciones, por la aparición de nuevos ministerios y carismas y por el nuevo tipo emergente de cristiano, partícipe de la comunidad y de la sociedad, solidario de los demás oprimidos y comprometido en unas transformaciones sociales que objetiven una nueva forma de convivencia.

g) Porque genera una *nueva espiritualidad* que se revela, por una parte, en las celebraciones, en las cuales, junto a los misterios de la fe, entran también a tomar parte las luchas y alegrías de la comunidad; por otra, en la manera de comprometerse políticamente en causas colectivas concernientes a los oprimidos y marginados; y, por otra, en la nueva santidad social, urdida de testimonios de solidaridad, persecuciones y martirios.

h) Porque crea una *nueva relación de la Iglesia con el mundo,* no de alianza con los poderosos, sino de participación y apoyo a los sectores oprimidos, asumiendo la defensa de los derechos de los pobres y la protección y promoción a ultranza de la vida de los grupos amenazados de muerte, como son los que se han visto despojados de sus tierras, los indígenas y otros marginados; el orden establecido latinoamericano sabe perfectamente que en las Iglesias que se han tomado en serio la opción preferencial por los pobres tiene un adversario crítico y profético, un aliado del pueblo organizado y un defensor de una liberación tendente a lograr una nueva sociedad más justa y participativa.

4. La evangelización en América Latina se produjo bajo el signo de la colonización. Del mismo modo que se crearon entre nosotros unas estructuras industriales y mercantiles copiadas de la metrópoli, también se creó una estructura religiosa que debería garantizar por sí misma la fe y la salvación. Según la concepción dominante de los misioneros, de la que participaba la teología común de la época, era imprescindible la creación del estatuto visible de la Iglesia, porque ésta, en su visibilidad, era el sacramento necesario para la salvación, debiendo poner todos los medios a disposición de los convertidos. Esto era lo esencial. El acento, lógicamente, no se ponía en la gestación de un hombre y una mujer nuevos. Evidentemente, se pretendía la conversión como cambio de vida, pero esta tarea estaba fundamentalmente reservada a cada persona en particular. Lo importante era que los medios para la santidad y la salvación fueran ofrecidos institucionalmente a todos. La nueva evangelización, en cambio, sigue otro camino: no busca tanto la creación de instituciones religiosas cuanto la aparición de nuevos cristianos que vivan el aspecto trinitario-comunional de la salvación desde una ética del seguimiento de Jesús y una vida según el Espíritu. Y el camino para ello es la fundación de un cristianismo comunitario en el que las personas encaren abiertamente sus necesidades y potencialidades. El cristianismo comunitario, fruto de la nueva evangelización, se asienta en personas-testimonio, más que en instituciones. Por eso tiene más un carácter de movimiento que de poder organizado. Consiguientemente, está más próximo al movimiento de Jesús y de los Apóstoles que a la estructuración eclesiástica acaecida a partir del siglo III y que ha predominado en el cristianismo convencional hasta nuestros días, bajo la hegemonía del clero. La articulación de las comunidades eclesiales entre sí y con los movimientos que caminan junto a ellas (pastoral de la tierra, de los indígenas, de las mujeres, de los derechos humanos, etc.) constituyen concretamente el pueblo de Dios.

Esta categoría teológica —pueblo de Dios—, en lugar de ser una metáfora, es la descripción real de un fenómeno perfectamente constatable: que el pueblo de Dios, de los pobres, y la red de comunidades de base articuladas constituyen una realidad histórica en la sociedad y son portadores hoy del mensaje liberador de Jesús en medio de los oprimidos, formando, junto a otros movimientos, el bloque histórico que busca realmente una sociedad nueva.

5. La presencia del nuevo modo de ser Iglesia en la sociedad se caracteriza por la voluntad de servicio, no por la voluntad de poder. La evangelización no se articula ya, como ha venido sucediendo desde la época colonial hasta los años sesenta, con los poderes dominantes de la sociedad, participando del poder hegemónico. Esta participación, evidentemente, permitió a las Iglesias crear una amplia red de servicios a los pobres; pero se trataba de unas Iglesias más «benéficas» que participativas; unas Iglesias que atendían a las carencias de los pobres, pero que no los educaban para liberarse de su dependencia y convertirse en sujetos de su propia situación. Hoy, gracias a la red de comunidades de base, el pueblo aprende a ser sujeto de su Iglesia y de su propia situación social. Y aprende también a ver la historia desde su propia condición de pueblo oprimido, descubriendo el potencial transformador que encierra el «reverso» de la historia, sobre todo cuando cae en la cuenta de que Dios se pone de su lado y de que el proyecto de Jesús conlleva una liberación integral; una liberación, consiguientemente, *también* económica, política y social; en suma, una liberación cultural.

6. Esta dimensión liberadora de la evangelización sólo se manifiesta si nos situamos en la misma posición en que lo hizo Jesús: del lado de los últimos y desde el reverso de la historia. Evangelizar las culturas significa, pues, partir de las culturas oprimidas y marginadas y, desde ahí, tratar de entender por qué hay culturas dominantes y cómo hay que influir en ellas, mediante el mensaje evangélico, para que dejen de ser opresoras y se constituyan, junto a otras culturas, en fuerzas constructoras de una humanidad «convivial», en una democracia que abarque todo el cosmos, cuyos elementos han de ser considerados y respetados como «hermanos» y «hermanas».

7. La evangelización deberá ser siempre integral; ahora bien, para garantizar su carácter de Buena Nueva y responder

a los desafíos de la realidad cultural oprimida, deberá fundamentalmente orientarse a la defensa de la vida y la cultura de
los pobres. No compete a las Iglesias hegemonizar el proceso
cultural, sino asociarse a otros agentes sociales que busquen los
mismos objetivos y sigan los mismos o parecidos métodos, en
orden a la constitución del sujeto histórico capaz de construir
una sociedad distinta, más habitable y fraterna para todos. Las
Iglesias deben prestar su colaboración a un proceso que las
trasciende histórica y teológicamente, porque la nueva sociedad
que hay que construir tiene que ver con el designio histórico de
Dios, con los signos de su Reino en este mundo. Los cristianos
no son los únicos trabajadores en esta obra, sino que, junto con
otros hijos e hijas de Dios, se encuentran bajo la misma Luz
que ilumina a todo ser humano y están habitados por la misma
Fuerza que habita a todos en el mismo camino hacia el Padre.

Colección «PRESENCIA TEOLOGICA»

Editorial SAL TERRAE
Guevara, 20
39001 Santander